**Pensamento social
na América Latina**

2ª edição

Pensamento social na América Latina

Everson Araújo Nauroski
Maria Emília Rodrigues

Rua Clara Vendramin, 58 . Mossunguê . CEP 81200-170 . Curitiba . PR . Brasil
Fone: (41) 2106-4170 . www.intersaberes.com . editora@intersaberes.com

Conselho editorial
   Dr. Alexandre Coutinho Pagliarini
   Dr.ª Elena Godoy
   Dr. Neri dos Santos
   M.ª Maria Lúcia Prado Sabatella

Editora-chefe
   Lindsay Azambuja

Gerente editorial
   Ariadne Nunes Wenger

Assistente editorial
   Daniela Viroli Pereira Pinto

Edição de texto
   Monique Francis Fagundes Golçalves

Capa
   Luana Machado Amaro (*design*)
   Vectorfair/Shutterstock (imagem)

Projeto gráfico
   Bruno de Oliveira

Diagramação
   Renata Silveira

Designer responsável
   Charles L. da Silva

Iconografia
   Celia Kikue Suzuki
   Regina Claudia Cruz Prestes

Dados Internacionais de Catalogação na Publicação (CIP)
(Câmara Brasileira do Livro, SP, Brasil)

Nauroski, Everson Araújo
  Pensamento social na América Latina / Everson Araújo Nauroski, Maria Emília Rodrigues. -- 2. ed. -- Curitiba, PR : InterSaberes, 2023.

  Bibliografia.
  ISBN 978-85-227-0817-8

  1. América Latina – Condições sociais 2. América Latina – História 3. América Latina – Política e governo I. Rodrigues, Maria Emília. II. Título.

23-167488   CDD-305.098

Índices para catálogo sistemático:
1. América Latina: Sociologia   305.098

Eliane de Freitas Leite – Bibliotecária – CRB 8/8415

1ª edição, 2018.
2ª edição, 2023.

Foi feito o depósito legal.

Informamos que é de inteira responsabilidade dos autores a emissão de conceitos.

Nenhuma parte desta publicação poderá ser reproduzida por qualquer meio ou forma sem a prévia autorização da Editora InterSaberes.

A violação dos direitos autorais é crime estabelecido na Lei n. 9.610/1998 e punido pelo art. 184 do Código Penal.

Sumário

13 *Apresentação*
17 *Organização didático-pedagógica*

Capítulo 1
21 **América Latina: considerações iniciais**

(1.1)
23 Conhecendo a realidade histórica da América Latina

(1.2)
25 Objetivos dos europeus

(1.3)
27 Sociedade e economia colonial

(1.4)
29 Sociedade colonial portuguesa

(1.5)
30 Os diferentes povos e seus saberes

(1.6)
36 Os primeiros contatos com os povos estrangeiros

(1.7)
41 Os processos de luta e independência

(1.8)
45 A América Latina na atualidade

Capítulo 2
57 **A Comissão Econômica para
a América Latina e o Caribe (Cepal)
e seu contexto histórico**

(2.1)
59 O contexto de surgimento da Cepal na América Latina

(2.2)
64 A Cepal e sua constituição histórica

(2.3)
74 Industrialização e desenvolvimento da
América Latina na ótica da Cepal

Capítulo 3
85 **A sociologia do desenvolvimento
e seu campo de estudo**

(3.1)
87 Primeiras palavras

(3.2)
90 Teorias do desenvolvimento

(3.3)
93 Desenvolvimento e sociedade

(3.4)
96 Quadros explicativos do desenvolvimento

(3.5)
103 Processos e dinâmicas do desenvolvimento
na esfera social e política

Capítulo 4
113 **A teoria da dependência sob diferentes olhares**

(4.1)
115 Uma visão panorâmica da dependência

(4.2)
118 Dependência e imperialismo

(4.3)
123 A dinâmica interna da dependência
e as relações de dominação

(4.4)
130 Centro e periferia: a dependência na ótica weberiana

Capítulo 5
143 **Considerações sobre a modernidade
e o contexto latino-americano**

(5.1)
145 Modernidade: uma conceituação preliminar

(5.2)
148 Modernização: contradições de um
processo social e econômico

(5.3)
153 Globalização econômica e processos sociais na América Latina

Capítulo 6
163 O neoliberalismo e sua influência no Brasil e na América Latina

(6.1)
165 Neoliberalismo no Brasil

(6.2)
172 O Estado de bem-estar social

(6.3)
176 Implicações das políticas neoliberais para a educação

(6.4)
181 O Estado mínimo e seus reflexos sociais

193 *Considerações finais*
197 *Referências*
209 *Bibliografia comentada*
215 *Respostas*
221 *Sobre os autores*

Dedicamos este livro à memória e ao futuro
do povo latino-americano, em especial aos
brasileiros que acreditam e lutam por um futuro
com mais equidade e justiça social.

A América Latina é uma região do mundo condenada à humilhação e à pobreza? Condenada por quem? Culpa de Deus? Culpa da natureza? Do clima modorrento? Das raças inferiores? A religião e os costumes? Não será a desgraça um produto da história, feita por homens, e que, portanto, pelos homens pode ser desfeita?

Eduardo Galeano – As Veias Abertas da América Latina

Apresentação

Ao longo da história, o continente latino-americano tem sido palco de um jogo de interesses envolvendo grupos internos e externos. Desde os processos de independência, as elites nativas pouco fizeram para alcançar a soberania das diferentes nações que integram o continente, preferindo se acomodar em uma relação de dependência com grupos de poder estrangeiros. De modo geral, essa relação de dependência tem favorecido muito mais os detentores do poder político e econômico do que o povo latino-americano.

A predominância da língua espanhola no continente denuncia uma história de conquistas e massacres, com implicações que atravessaram os séculos até os dias de hoje. Em face de uma história de subjugação, localizamos iniciativas de resistência na luta pela dignidade, valorização e reafirmação das culturas e identidades dos diferentes povos da América Latina (AL). Entendemos que faz parte dessa resistência a produção de um pensamento social com capacidade e potencial de analisar os problemas do continente sob o enfoque da própria AL.

Este livro tem como objetivo apresentar uma parte dessa produção e, assim, introduzir o leitor na rica tradição do pensamento social, político e econômico de autores que ousaram levantar a voz contra a condição de domínio e subserviência que ainda vigora na AL. Podemos dizer que o próprio título deste livro, *Pensamento social na América Latina*, já acena nessa direção.

Uma das dificuldades no projeto deste livro foi realizar uma seleção de textos e autores que pudesse cumprir esse objetivo, oferecendo a você, leitor, mesmo que de modo introdutório, o contato com os principais temas da agenda social e econômica da AL. Dessa forma, organizamos o livro em seis capítulos.

No Capítulo 1, com o título *América Latina: considerações iniciais*, são tratadas algumas questões históricas envolvendo o processo de conquista e colonização no continente. Tomamos como exemplo alguns povos, como os maias, os astecas e os incas, para delinear aspectos problemáticos, como o choque de culturas e os conflitos decorrentes da presença estrangeira.

No Capítulo 2, intitulado *A Comissão Econômica para a América Latina e o Caribe (Cepal) e seu contexto histórico*, o foco é o contexto de surgimento de uma das mais importantes agências de pesquisa e produção de conhecimento voltado à realidade econômica latino-americana. Ao longo do percurso da Cepal, muitas das ideias e teses discutidas por seus autores contribuíram para o amadurecimento teórico e a elaboração de políticas em defesa da AL e sua soberania.

No prosseguimento das análises sociais e econômicas, toda a discussão realizada no Capítulo 3, denominado *A sociologia do desenvolvimento e seu campo de estudo*, tem como objeto o desenvolvimento pensado na relação entre AL e o mundo do capitalismo desenvolvido. Ao longo do capítulo, esse tema é articulado com ações estratégicas que visam fortalecer a aproximação dos países da AL, como a construção de uma pauta com interesses comuns, além da criação de blocos econômicos e acordos bi e multilaterais para fortalecer os mercados e ampliar o processo de industrialização.

Reservamos o Capítulo 4, intitulado *A teoria da dependência sob diferentes olhares*, para apresentar a discussão que trata da relação da AL com as economias centrais do capitalismo. Nele, desenvolvemos algumas perspectivas dessa teoria nas formas de explicar os problemas sociais e econômicos do continente. Buscamos ainda tematizar questões socioeconômicas com base em algumas especificidades da AL, em relação às suas culturas e história. Com isso, mostramos o quão vantajosa a dependência econômica pode ser para as elites internas e externas, mas prejudicial para a população em geral com a precarização das condições e das relações de trabalho.

No Capítulo 5, de título *Considerações sobre a modernidade e o contexto latino-americano*, buscamos inserir a realidade social da AL no fenômeno da modernidade, mostrando que essa inserção se dá de modo assimétrico naquilo que envolve as relações de poder e os intercâmbios econômicos. Também mostramos que o processo da globalização econômica, ao se desenvolver numa lógica competitiva e excludente, acaba por criar mais obstáculos à conquista da soberania política e econômica para diversos países da América Latina.

No Capítulo 6, denominado *Neoliberalismo e sua influência no Brasil e na América Latina*, estabelecemos um recorte histórico a partir da década de 1990, buscando, com isso, mostrar o quanto o fenômeno do neoliberalismo acarretou transformações na realidade social e econômica da AL e do Brasil. Ainda nesse capítulo, discutimos algumas noções sobre o Estado de bem-estar social e o Estado mínimo. Por fim, apresentamos algumas políticas neoliberais para a educação e os efeitos dessas políticas na organização do trabalho docente. Entendemos que essa discussão é importante, pois ajuda a ilustrar os efeitos dessas políticas sobre um dos direitos sociais mais fundamentais: a educação.

Na organização deste livro, há uma síntese ao final de cada capítulo retomando o essencial daquilo que foi estudado. Há também uma seção que chamamos de *Indicações culturais*, na qual os leitores podem contar com sugestões de livros e filmes temáticos para subsidiar seus estudos. Os filmes foram indicados pensando na temática trabalhada no capítulo, de modo que você possa assisti-los e desenvolver suas próprias análises e compreensão do conteúdo. Para auxiliar, tanto os filmes quanto os livros indicados nessa seção trazem uma breve resenha explicativa. Além desse recurso, com o objetivo de revisar os conteúdos estudados, é proposto um conjunto de exercícios e atividades de pesquisa e aprendizagem.

Por fim, você poderá avaliar a compreensão dos assuntos abordados por meio de duas seções de exercícios. Na primeira delas, "Atividades de autoavaliação", é possível verificar a assimilação de alguns conceitos principais trabalhados durante o livro. As respostas encontram-se disponíveis ao final da obra. A segunda seção, "Atividades de aprendizagem", além de permitir a reflexão, pretende promover a postura crítica. O objetivo é que os exercícios estimulem de alguma forma o entendimento das ideias principais trabalhadas durante os capítulos.

Uma dica importante para bons resultados em seus estudos sobre o pensamento social latino-americano é seguir as orientações de leitura e complementações de estudo indicados na obra. Dessa forma, você terá, seguramente, uma compreensão satisfatória dos assuntos abordados e vai adquirir cada vez mais condições de se posicionar diante do mundo com autonomia e independência intelectual.

Boa leitura e bons estudos!

Organização didático-pedagógica

Esta seção tem a finalidade de apresentar os recursos de aprendizagem utilizados no decorrer da obra, de modo a evidenciar os aspectos didático-pedagógicos que nortearam o planejamento do material e como o você pode tirar o melhor proveito dos conteúdos para seu aprendizado.

Introdução do capítulo

Logo na abertura do capítulo, você é informado a respeito dos conteúdos que nele serão abordados, bem como dos objetivos que o autor pretende alcançar.

Síntese

Você conta, nesta seção, com um recurso que o instigará a fazer uma reflexão sobre os conteúdos estudados, de modo a contribuir para que as conclusões a que você chegou sejam reafirmadas ou redefinidas.

Indicações culturais

Nesta seção, o autor oferece algumas indicações de livros, filmes ou *sites* que podem ajudá-lo a refletir sobre os conteúdos estudados e permitem o aprofundamento em seu processo de aprendizagem.

Atividades de autoavaliação

Com estas questões objetivas, você tem a oportunidade de verificar o grau de assimilação dos conceitos examinados, motivando-se a progredir em seus estudos e a se preparar para outras atividades avaliativas.

Atividades de aprendizagem

Aqui você dispõe de questões cujo objetivo é levá-lo a analisar criticamente determinado assunto e a aproximar conhecimentos teóricos e práticos.

Bibliografia comentada

Nesta seção, você encontra comentários acerca de algumas obras de referência para o estudo dos temas examinados.

Importante!

Algumas das informações mais importantes da obra aparecem nestes boxes. Aproveite para fazer sua própria reflexão sobre os conteúdos apresentados.

Preste atenção!

Nestes boxes, você confere informações complementares a respeito do assunto que está sendo tratado.

Capítulo 1
América Latina:
considerações iniciais

Conhecer a história da América Latina (AL) é fundamental para a compreensão das teorias que se propõem a analisá-la. Como elas serão apresentadas nos capítulos subsequentes, neste primeiro abordaremos os processos de povoamento, colonização, independência e sua configuração nos dias atuais. Como o objetivo da presente obra não é historiográfico – o que demandaria uma escrita de diferente envergadura –, o capítulo tratará de modo sucinto e introdutório dos principais aspectos que foram determinantes na configuração histórica da região.

Nesse momento, procuraremos abordar as hipóteses sobre o povoamento do continente, entendendo os motivos que levaram os europeus a colonizar a região. Também vamos apresentar os povos pré-colombianos e compreender o contato interétnico entre nativos e colonizadores e as consequências desse fato. Pretendemos, ainda, apresentar as principais características da sociedade colonial espanhola e portuguesa, indicando os processos de luta e independência que marcaram o século XIX. Por fim, estabeleceremos um retrato da AL atual.

(1.1)
CONHECENDO A REALIDADE HISTÓRICA DA AMÉRICA LATINA

O povoamento da América começou muito antes da chegada dos europeus em 1492, uma vez que o chamado *Novo Mundo* já era habitado por nativos. Entretanto, não há como afirmar com exatidão quando o continente começou a ser povoado. Por volta de 50.000 a.C., o estreito de Bhering se solidificou durante o período de glaciação, formando uma passagem que permitiu o deslocamento entre a Ásia e a América. Os primeiros habitantes do continente americano teriam migrado a pé por essa passagem ou em barcos pelo Pacífico, por volta de 12.000 anos atrás. Não há consenso entre os arqueólogos e historiadores sobre esses dados, no entanto, são as hipóteses mais aceitas (Goucher; Walton, 2011).

Mapa 1.1 – Rotas de migração para a América

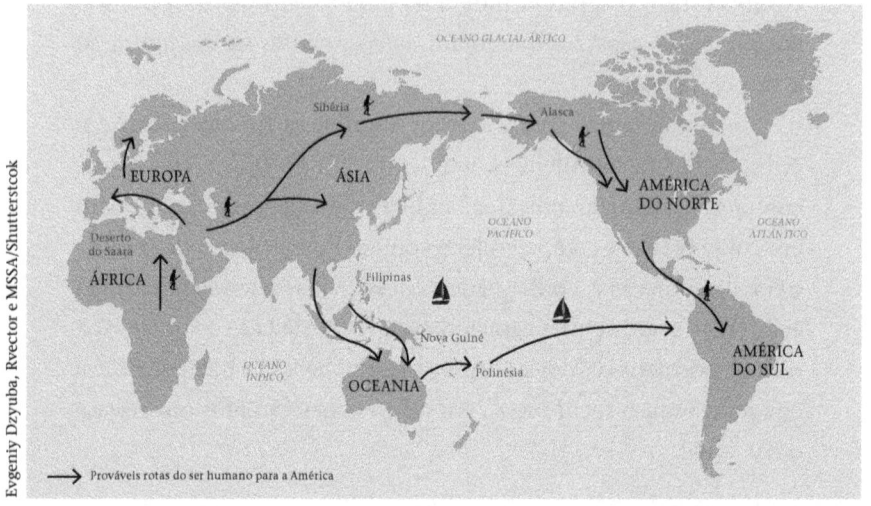

Fonte: Elaborado com base em Bracanti, 1997, p. 120.

Não se sabe as razões dessas migrações, mas o fato é que nas novas terras foram encontrados recursos abundantes, permitindo a fixação nesse território. Destacam-se duas regiões – a Mesoamérica (México e América Central) e os Andes – que foram densamente povoadas e formaram Estados: o Estado asteca (ou mexica) e o Estado inca. Para além das duas civilizações citadas, os nativos habitaram diversas localidades por toda a América, o que resultou em uma grande variedade de povos, línguas, culturas, sistemas sociopolíticos e econômicos (Santos; Viana, 2010).

As estimativas quanto ao total da população americana que já vivia no continente antes da chegada dos europeus, em 1492, são bastante divergentes, o que dificultou precisar os números sobre esse período. Assim, as hipóteses mais aceitas na atualidade são as médias, que calculam entre 57 e 80 milhões de pessoas. Em 1600, o número de habitantes era de 10 milhões – número que, além dos nativos, incluía europeus e africanos. A drástica redução demográfica dos indígenas se deve à violência dos conquistadores, à desestruturação de seus modos de vida, à fome e a doenças até então desconhecidas pelos nativos, como gripes, febre amarela e varíola, para as quais o organismo daquelas populações não tinha defesa (Santos; Viana, 2010).

(1.2)
OBJETIVOS DOS EUROPEUS

Conforme Rosa, Devitte e Machado (2012), pensar na natureza da ocupação do território latino-americano requer compreender as transformações que a Europa atravessava no século XVI, que marcaram o início da Era Moderna:

- Absolutismo: construção de regimes monárquicos por meio do processo de formação dos Estados nacionais e centralização do poder político.
- Adoção de práticas mercantilistas na economia: valorização das atividades comerciais, com forte intervenção estatal e protecionismo alfandegário.
- Surgimento de uma nova classe social dedicada ao comércio nas cidades (burgos), ou seja, a burguesia.

- O Renascimento Cultural e a Reforma Protestante: movimentos responsáveis pela retirada do monopólio da Igreja Católica sobre o conhecimento do mundo e o controle da fé.

Tal contexto foi determinante para a expansão comercial e marítima europeia, conhecida como *grandes navegações*, levando ao "descobrimento" e posterior colonização da América. Reinos como Portugal, Espanha, Inglaterra, França e Holanda dominaram diversas partes do continente americano, transformando esses territórios em regiões fornecedoras de metais preciosos e outros produtos, como algodão, tabaco, açúcar, cacau etc. O colonialismo foi essencial para o fortalecimento das monarquias absolutistas, pois possibilitou a ampliação de seus poderes e de seus recursos, com a cobrança de tributos e a comercialização de produtos de alto valor da Europa.

> **Importante!**
>
> Precisamos destacar que a elevação do poder econômico e político das elites europeias foi possível graças à exploração de um grande contingente de trabalhadores, composto de indígenas e povos de origem africana. Se para os indígenas a colonização teve consequências catastróficas, o mesmo ocorreu com povos provenientes do continente africano, que foram subjugados, transportados à força e escravizados durante esse processo.

Conforme Santos e Viana (2010), a conquista da América também esteve associada aos interesses da Igreja Católica, que desejava expandir a fé cristã. A expansão realizada pelos reinos ibéricos de Portugal e Espanha estava relacionada com o fenômeno da Reconquista, ou seja, das Cruzadas contra os muçulmanos. Os escritos de Colombo revelam que ele acreditava na tese de que as riquezas adquiridas serviriam para financiar a guerra santa, a fim de reconquistar Jerusalém. Além disso, movidos pelo espírito da Contrarreforma Católica, havia no imaginário dos conquistadores que o Novo Mundo representava uma nova utopia para a cristandade. Dessa forma, muitos missionários acreditavam genuinamente que estavam fazendo "o bem" ao catequizar os indígenas, salvando suas almas. Muitas vezes, eles eram representados como "puros" pelos missionários, embora essa visão não tenha sido a dominante, prevalecendo a crueldade sobre os conquistados.

(1.3)
SOCIEDADE E ECONOMIA COLONIAL

Segundo Pellegrino e Prado (2014), ainda que o empreendimento de 1492, que culminou com a descoberta do continente americano, fosse financiado pela Coroa Espanhola, as demais expedições foram financiadas com recursos privados. Em contrapartida, os conquistadores contavam com certas garantias ao colonizar novos territórios, como assumir as funções de governadores, ocupando-se da administração e da defesa das áreas anexadas. Para o controle maior das colônias, foram criados vice-reinos no México, no Peru, em Nova Granada e no Rio da Prata, sediados na Cidade do México, em Lima e em Buenos Aires. O restante do território foi dividido em capitanias gerais (Venezuela, Guatemala, Chile e Cuba).

O cargo de vice-rei era uma posição de grande prestígio, pois era diretamente nomeado pelo monarca espanhol. No entanto, era reservado aos nobres de categoria média ou aos membros mais jovens de famílias proeminentes. Vice-reis, governadores e as audiências (tribunais judiciais) compunham os níveis mais altos do governo sediado na América. Como os espaços de governo eram imensos, as áreas administrativas foram subdivididas em unidades menores, os *corregimientos*, distritos governados por pessoas também nomeadas pelo rei ou vice-rei. E ainda havia os *cabildos*, conselhos existentes nas vilas e cidades controlados pelas elites locais (Pellegrino; Prado, 2014).

Em relação à economia, a colônia espanhola atuou em três diferentes áreas: na mineração, com a produção de ouro e prata em regiões do México, do Peru e da Bolívia; nas *haciendas* (fazendas), produtoras de gêneros alimentícios e de matérias-primas; e em *plantation*, esquema baseado nas grandes propriedades rurais de monoculturas para exportação, com o objetivo de fornecer artigos para a metrópole, como açúcar, algodão e cacau.

De acordo com Anna (2004), a sociedade colonial espanhola era fortemente hierarquizada, mas bastante desigual, sendo dividida da seguinte maneira:

- *Chapetones*: Espanhóis oriundos da pequena nobreza metropolitana que ocupavam altos cargos militares e administrativos e tinham grande *status* na colônia.
- *Criollos*: Descendentes de espanhóis nascidos na América que podiam atuar em cargos administrativos de menor prestígio e compunham a elite econômica, sendo mineradores, grandes proprietários de terras e comerciantes.
- *Mestizos* (**mestiços**): Filhos de espanhóis com indígenas, eram trabalhadores livres, pequenos proprietários e funcionários públicos em cargos de menor prestígio.
- **Indígenas e escravos de origem africana**: Constituíam a mão de obra predominante. Nas áreas em que os nativos foram exterminados, foram utilizados negros escravizados, como no Caribe, por exemplo.

A dominação dos povos ameríndios e dos negros não ocorreu sem resistência, gerando diversos conflitos entre as elites e os grupos populares, bem como entre as próprias elites, uma vez que os *criollos* eram insatisfeitos por não poderem ocupar os mais elevados postos. As sucessivas disputas e tensões entre os diferentes grupos contribuíram para a emancipação política da América espanhola entre os séculos XVIII e XIX.

(1.4)
Sociedade colonial portuguesa

De acordo com Almeida (2013), apesar da hierarquia entre colonos, comerciantes e a metrópole, na sociedade colonial portuguesa a distinção não era tão rígida quanto na colônia espanhola. Os agentes da Coroa e os grandes comerciantes adquiriram prestígio muito maior do que o concedido aos *criollos*. Os colonos eram os senhores, que possuíam os engenhos, as terras e os escravos. Se a sociedade medieval tratava o comerciante burguês como pária social, para a sociedade colonial portuguesa o comerciante era um poderoso agente da Coroa que controlava o mercado, subordinando os senhores de engenho.

Ainda conforme Almeida (2013), os senhores de engenho cobiçavam maior *status* social em relação aos comerciantes, o que gerava conflitos. Buscando amenizá-los, a Coroa Portuguesa se valia de concessão de títulos, honrarias, venda de cargos etc., criando elementos próprios na administração da colônia que, mais tarde, iriam caracterizar traços da cultura brasileira. Por fim, a estratégia acabou por favorecer os confrontos entre colonos e comerciantes.

Entre os próprios colonos, chamados de *homens bons*, também havia distinção entre os que tinham mais terras e escravos e aqueles com menos posses. Na base da pirâmide social, estavam os colonizados, obrigados ao trabalho (elemento então visto como algo degradante e pernicioso): escravos, libertos, brancos pobres ou mestiços. Ante a humilhação do trabalho aos senhores, "restava um único consolo aos pobres da colônia. Sempre havia alguém mais abaixo na escala de degradação social" (Almeida, 2013, p. 26).

Economicamente, a colonização portuguesa foi semelhante à espanhola, mas caracterizando-se por ciclos, em que uma produção predominava sobre outra em determinados períodos. Primeiramente houve a exploração do pau-brasil e, mais tarde, o cultivo de cana-de-açúcar, algodão e fumo. Havia também a produção para a subsistência, mas a atividade predominante era a de monoculturas que abasteciam a metrópole. A exploração do ouro começou em fins do século XVII. Por aqui também prevaleceu o esquema de *plantation*, cujos efeitos estão presentes até os dias atuais. Os colonos recebiam terras de grande extensão, mas muitos não possuíam mão de obra suficiente para nelas trabalharem, restringindo a produção a um parco espaço no imenso território, o que determinou as origens do latifúndio (Almeida, 2013).

(1.5)
OS DIFERENTES POVOS E SEUS SABERES

Conforme mencionado na seção anterior, a América tinha em seu território uma grande diversidade de povos antes da chegada dos europeus. Diferentes culturas em sua complexidade, riqueza, modos de vida, de crenças, de organização política e social. Entretanto, não foi possível para a historiografia mapear e documentar cada um deles, em função de uma série de fatores. Entre eles, podemos indicar: o extermínio perpetrado pelos colonos e pelas generalizações contidas em seus relatos; o fato de várias dessas culturas não terem história escrita; ou simplesmente por terem restado poucos vestígios materiais a seu respeito.

Conforme indica Bethell (1990), estima-se que a agricultura tenha se desenvolvido na Mesoamérica por volta de 5000 a.c., e que, a partir de então, aldeias de agricultores e ceramistas se formaram pela região. A partir de 1.300 a.c. ocorreram extraordinárias mudanças nesses povoados, que se tornaram sedentários e construíram cidades, dando origem aos olmecas.

> **Importante!**
>
> Os olmecas influenciariam traços culturais, que estariam presentes nos demais povos mesoamericanos, ao construírem praças, casas amplas e monumentos e objetos com finalidades religiosas, além de cultivarem uma variedade de alimentos e desenvolverem uma complexa organização política e social. Em relação à religião, adoravam uma divindade metade humano e metade felino: o "homem-jaguar".

Os olmecas tiveram influência sobre os povos maias e astecas, conforme atesta a historiografia. Como estes, e também os povos andinos (incas), chegaram a formar impérios grandiosos, deixando uma série de vestígios e relatos que testemunham como foi seu passado. Na sequência, veremos traços dessa cultura.

1.5.1 MAIAS

Segundo Gendrop (1987), os maias estabeleceram-se em territórios que hoje correspondem a parte do México e da América Central. As origens dessa civilização datam de 1.500 a.C., mas foi no período clássico (200 a 900 d.C.) que ela atingiu seu esplendor em termos culturais, de organização sociopolítica e de prosperidade econômica. Sendo dispersos, duas cidades se destacaram pela longevidade e desenvolvimento: Teotihuacán e Tikal. As cidades de Mayapan, Uxmal e Chichen-Itzá se reuniram no século XIII com a finalidade de compartilhar o controle político em seus territórios, porém, seu poder não se estendeu por muito tempo, não sendo possível evitar os conflitos entre as cidades.

O poder político na civilização maia era descentralizado, com as cidades mais proeminentes controlando as aldeias e regiões próximas. Cada cidade tinha um chefe supremo, cargo que era hereditário e legitimado pela religião. As cidades tinham autonomia política e econômica, mas eram governadas por famílias. Camponeses e artesãos compunham a maioria da população e eram obrigados a pagarem tributos. Além deles, havia escravos por conquista (Gendrop, 1987).

A economia baseava-se na agricultura, destacando-se o cultivo de milho, que gerou excedentes, liberando parte da mão de obra para a construção de pirâmides, templos, reservatórios de água etc. Porém, as terras da região eram pouco férteis, o que levou os maias a adotarem o rodízio e a sempre buscarem novas terras, que foram ficando cada vez mais distantes das cidades e se esgotando com o tempo.

Os maias desenvolveram notáveis escultura, arquitetura e engenharia, conforme atestam as ruínas de pirâmides, templos verticais, edifícios, canais de irrigação e reservatórios de água. Tinham conhecimentos avançados em astronomia e matemática, tanto que elaboraram um calendário com 365 dias e desenvolveram uma forma de escrita. Além disso, produziram peças teatrais, canções e obras literárias com forte cunho religioso. A religião era politeísta, seus sacerdotes eram dotados de grande prestígio social e realizavam-se sacrifícios humanos e de animais (Gendrop, 1987).

Não se sabe ao certo o que determinou a decadência dos maias antes mesmo da chegada dos espanhóis, mas há hipóteses sobre divisões internas, guerras externas, migrações, epidemias e alterações climáticas.

> **Preste atenção!**
>
> Recentemente, cientistas relataram que há fortes indícios de que a seca contribuiu para o declínio dos maias, segundo matéria publicada na BBC Brasil em 23 de maio de 2016. É possível lê-la no endereço a seguir: WYLIE, R. **Como seca pode explicar declínio da civilização maia**. BBC Earth, 23 maio 2016. Disponível em: <https://www.bbc.com/portuguese/vert-earth-36317992>. Acesso em: 18 jul. 2018.

1.5.2 Astecas

O povo asteca (ou mexica) é originário do sul da América do Norte, estabelecendo-se no planalto mexicano em 1168 d.C. Em 1325, deram início à construção de sua cidade, Tenochtitlán, que chegou a reunir centenas de milhares de habitantes. Os astecas formaram um grande império por meio da Tríplice Aliança de grandes cidades, semelhante ao que ocorrera com os maias. Uniram várias comunidades de diferentes línguas e costumes, sendo centralizadas pela imposição da religião, militarmente e mediante a arrecadação de impostos. O império asteca alcançou seu apogeu algumas décadas antes da vinda dos europeus, sendo completamente destruído no século XVI (Santos; Viana, 2010).

De acordo com Soustelle (1987), a base econômica eram os tributos pagos em forma de mercadorias, como algodão, grãos, cereais, cacau, cobre e ouro. Como a sociedade era fundada na guerra e na religião, sacerdotes, chefes militares e altos funcionários tinham privilégios e poder político. A maior parte da sociedade era composta por trabalhadores que atuavam na agricultura, no comércio, na construção, no artesanato e no serviço militar. Estes pagavam tributos, mas também recebiam do império mercadorias em troca. Soustelle (1987) destaca que, apesar da hierarquia, não era vedado aos trabalhadores o sacerdócio (para homens e mulheres) e era possível alcançar altos postos militares e administrativos – inclusive mulheres exerciam funções não apenas domésticas ou religiosas.

A base da pirâmide social era composta por prisioneiros de guerra, condenados na justiça e pessoas endividadas, que eram obrigados a trabalhar para a coletividade ou para quem haviam prejudicado. Seu *status* social era de servidão, não tendo nenhum direito. A posse das terras era comunal, mas, na prática, devido à divisão do trabalho e do pagamento dos tributos, ficava em posse de famílias membros da aristocracia ligada ao império (Soustelle, 1987).

A religião asteca era baseada nos astros, com destaque para os cultos que envolviam o Sol. Havia muitas atividades ritualísticas envolvendo diversas manifestações artísticas e sacrifícios humanos. No campo das artes, as esculturas e as grandes construções também estavam ligadas à vida religiosa, destacando-se também os hieróglifos, as pinturas e os afrescos. Os astecas também criaram e registraram narrativas sobre sua própria história (Santos; Viana, 2010; Soustelle, 1987).

1.5.3 Incas

A civilização inca abrangia uma região que ia desde o sul da Colômbia, Equador, Peru, Bolívia, norte da Argentina, até o sul do Chile, reunindo uma imensa população de pequenas comunidades agropastoris. Nessa região já habitavam povos há milênios, mas o império inca só se constituiu no século XV. As ruínas de Tiahuanaco, um grande centro cerimonial, testemunham o desenvolvimento arquitetônico desta civilização. A vitória sobre os Chancas em 1438 d.c. marcou a formação do império inca, que colocou diversas culturas sob seu domínio. Uma grande guerra civil enfraqueceu o império, que depois foi destruído pelos colonizadores (Favre, 1987).

Segundo Santos e Viana (2010), o Estado inca aplicava um censo populacional de forma constante e desenvolveu uma infraestrutura com uma rede de pontes e caminhos lajeados que permitiam a circulação de funcionários, mensageiros, impostos, exércitos e da população no geral. Era dessa forma que conseguia controlar seu grande império. De acordo com Favre (1987), havia um chefe de Estado, o imperador, cujo poder emanava da religião e era hereditário. A nobreza era composta por sacerdotes, militares e burocratas. Os camponeses cultivavam as terras do império e trabalhavam nas obras públicas, pagando impostos em mercadorias. Havia também os artesãos, considerados artistas, curandeiros e feiticeiros, além de escravos que desempenhavam funções domésticas.

Para Favre (1987), os incas desenvolveram avançadas técnicas de agricultura, pois, em território tão inóspito, conseguiram cultivar produtos como batata, abacate, algodão, mandioca, abóbora e amendoim. Domesticavam lhamas, alpacas e vicunhas para o transporte e para a produção de couro e lã.

A grande maioria dos ritos e cultos incas era em homenagem ao Sol, sendo comandados por sacerdotes que também ensinavam os mitos, as lendas e as histórias sobre o povo inca. Os incas também possuíam conhecimentos sobre astronomia e matemática, prevendo eclipses, desenvolvendo calendários e padronizando pesos e medidas. Produziam cerâmica, tecidos coloridos, esculturas, pinturas e manufaturados de ouro, prata e cobre (Bethell, 1990; Favre, 1987).

(1.6)
OS PRIMEIROS CONTATOS COM OS POVOS ESTRANGEIROS

Conforme descrito na seção anterior, estimativas apontam que havia entre 50 e 80 milhões de indígenas na América pré-colombiana. Só no Brasil, habitavam aproximadamente 5 milhões de pessoas em 1500, período da chegada de Pedro Álvares Cabral (Luciano, 2006). Vemos uma drástica redução da população nativa, já que, atualmente, 896,9 mil indígenas compõem parte da população brasileira, segundo dados divulgados pelo censo do Instituto Brasileiro de Geografia e Estatística (IBGE) de 2010 (IBGE, 2012).

> **Preste atenção!**
>
> O IBGE adota o critério da autodeclaração em relação à cor/raça. Portanto, o número total de indígenas refere-se às pessoas que se declararam como tais.

De acordo com Luciano (2006), isso se deve a uma série de ações dos colonizadores que resultaram em tragédias aos nativos deste continente: guerras, epidemias, escravidão, genocídios, etnocídios, que por pouco não os aniquilaram por completo. Isso não significa afirmar que os nativos não conheciam fenômenos como guerras, escravidão e doenças. A diferença é que a colonização fez parte de um projeto de dominação econômica, política e cultural que os indígenas não podiam prever em sua extensão e consequências.

> **Preste atenção!**
>
> *Genocídio* refere-se ao assassinato em massa de uma etnia ou povo. *Etnocídio* é o ato de destruição de um sistema cultural (Clastres, 1996).

No início do contato com os europeus, apesar de constituírem uma maioria local, adaptada ao meio, os povos originários não tinham experiência nesse tipo de contato interétnico nem com os impactos violentos da ação colonizadora. Foram processos de profunda mudança sociocultural "enfraquecendo sobremaneira as matrizes cosmológicas e míticas em torno das quais girava toda a dinâmica da vida tradicional" (Luciano, 2006, p. 18).

A dominação, além da violência física, deu-se também em termos simbólicos, na desestruturação de culturas e de identidades indígenas, iniciadas já na chegada dos europeus. Os nativos que aqui habitavam foram descaracterizados em sua variedade étnica desde o desembarque de Cristóvão Colombo, que os nomeou *índios*. A denominação, decorrente de um equívoco (pois Colombo acreditava ter chegado às Índias), permanece até os dias atuais. Porém, não existem povos com a denominação *índio*, sendo esse um apelido genérico que, para além da descaracterização, guarda uma série de estereótipos.

> *Na verdade, cada "índio" pertence a um povo, a uma etnia identificada por uma denominação própria, ou seja, a autodenominação, como o Guarani, o Yanomami etc. Mas também muitos povos recebem nomes vindos de outros povos, como se fosse um apelido, geralmente expressando a característica principal daquele povo do ponto de vista do outro. Ex.: Kulina ou Madjá. Os Kanamari se autodenominam Madjá, mas os outros povos da região do Alto Juruá os chamam de Kanamari.* (Luciano, 2006, p. 30)

Luciano (2006) afirma que a generalização imposta com o uso do termo *índio* não apenas ignorou a diversidade e a complexidade cultural existente, como também passou a ser sinônimo de rebaixamento na escala social ou de uma visão romântica sobre os nativos. Segundo o autor, para muitos, o índio seria um indivíduo preguiçoso, selvagem, sem cultura e incapaz; para outros, seria um indivíduo "puro", protetor da natureza. Os próprios povos indígenas, seus descendentes e mestiços não raro negaram sua origem, dado o sentido pejorativo que ela representava. Apenas a partir da década de 1970 o movimento indigenista passou a aceitar e a promover a denominação, mudando seu significado para o de uma identidade multiétnica de todos os povos originários do continente, com o objetivo de lutar por direitos e interesses comuns.

Vários foram os mecanismos utilizados na conquista e na posterior colonização da América espanhola. Como a colonização estava subordinada aos interesses da metrópole, o êxito da empreitada dependia da capacidade de extração das riquezas do território. Se, num primeiro momento, os espanhóis recorreram ao simples saqueio, posteriormente foi necessário desenvolver uma política administrativa, da qual fazia parte a imposição da fé cristã, o domínio das terras e dos nativos e a utilização da mão de obra destes. Para tanto, os colonizadores contaram com a superioridade tecnológica de suas armas, o uso de cavalos, a técnica do arado etc. Outro fator crucial para seu sucesso foi a formação de alianças com tribos locais inimigas – havia grandes rivalidades internas entre os povos incas e astecas – em guerras comuns, utilizando-se dos conhecimentos dos nativos para a derrota de exércitos resistentes e para a expansão de seu domínio territorial (Rosa; Devitte; Machado, 2012).

As doenças trazidas da Europa e a fome que se produziu naquele contexto de guerras e devastações colaboraram muito para dizimar as populações e enfraquecê-las. Todos esses fatores, além do impacto psicológico da violência empregada por tecnologias até então desconhecidas, foram fundamentais não só para a drástica redução numérica dos indígenas, mas também para o seu subjugo. É importante destacar que a conquista não se deu sem resistência por parte dos conquistados, tanto em relação à preservação de sua cultura quanto de seu território. Várias batalhas foram travadas nesses aspectos, sendo essencial, portanto, afastar as visões estereotipadas sobre os povos indígenas como sendo dóceis e ingênuos ou facilmente subordinados (Rosa; Devitte; Machado, 2012).

A principal transformação cultural levada a cabo pelos colonizadores foi a da evangelização. A catequese, imposta contra a vontade dos catequizados, não conseguiu que a fé cristã fosse facilmente incorporada. Dada à resistência, intensificaram-se as formas de imposição do cristianismo, seja pela fiscalização das práticas religiosas dos ameríndios, seja por meio da força. Muitos missionários espanhóis tiveram o cuidado de compreender os cultos, os ritos e as divindades locais, no intuito de colaborar com a eliminação do que chamaram de *"idolatrias"* (Santos; Viana, 2010).

Assim, logo nas primeiras décadas da invasão espanhola, houve a destruição de símbolos religiosos (como objetos sagrados e múmias ancestrais) e a repressão dos cultos dos povos astecas e incas. Ainda que os Tribunais do Santo Ofício não tivessem se ocupado de julgar indígenas, alguns de seus métodos foram adotados pelos jesuítas, como castigos físicos, delações, confissões forçadas e identificação daqueles acusados de práticas idolátricas. Os indígenas perceberam que a resistência declarada seria severamente punida e, então, encontraram meios de preservar suas crenças, adaptando-as ao cristianismo. Verifica-se esse sincretismo religioso no culto da Virgem de Guadalupe e em elementos da umbanda no Brasil.

Por meio de uma visão etnocêntrica que tanto colonos quanto religiosos compartilhavam sobre os nativos, desenrolaram-se as guerras e a doutrinação cristã. Ambos são processos marcados pela violência, tanto física quanto simbólica. Para os conquistadores, os nativos eram selvagens, primitivos, que precisavam ser exterminados ou subordinados. Isso pode ser percebido no relato a seguir:

> *O que podia acontecer a estes bárbaros mais conveniente ou mais saudável do que serem submetidos ao domínio daqueles cuja prudência, virtude e religião os converterão de bárbaros, tais que mal mereciam o nome de seres humanos, em homens civilizados o quanto podem ser, de facinorosos em probos, de ímpios e servos do demônio em cristãos e cultores da verdadeira religião?* (Suess, 1992, p. 534-535)

Importante!

"Etnocentrismo é uma visão do mundo onde o nosso próprio grupo é tomado como centro de tudo e todos os outros são pensados e sentidos através dos nossos valores, nossos modelos, nossas definições do que é a existência. No plano intelectual, pode ser visto como a dificuldade de pensarmos a diferença; no plano afetivo, como sentimentos de estranheza, medo, hostilidade etc." (Rocha, 1988, p. 5).

Embora a forma como se deu o domínio português e o espanhol tenham muitos traços em comum, a crueldade dos espanhóis chegou a horrorizar seus próprios conterrâneos.

entravam nas vilas, burgos e aldeias, não poupando nem as crianças e os homens velhos, nem as mulheres grávidas e parturientes e lhes abriam o ventre e os faziam em pedaços como se estivessem golpeando cordeiros fechados em seu redil. Faziam apostas sobre quem, de um só golpe de espada, fenderia e abriria um homem pela metade ou quem, mais habilmente e mais destramente, de um só golpe lhe abriria a cabeça, ou ainda sobre quem abriria melhor as entranhas de um homem de um só golpe. Arrancavam os filhos do seio das mães e lhes esfregavam a cabeça contra os rochedos enquanto que outros os lançavam à água dos córregos rindo e caçoando. (Bartolomé de las Casas, 1984, p. 33)

Frei Bartolomé de las Casas não foi o único a denunciar a extrema violência dos colonizadores. Muitos religiosos, mesmo que estivessem a colaborar com a colonização, condenavam o emprego da violência e a escravidão. No Brasil, a Ordem Jesuíta chegou a pressionar Portugal para pôr fim à escravatura de indígenas.

(1.7)
Os processos de luta e independência

A independência da América espanhola está relacionada com um conjunto de fenômenos externos: a Revolução Francesa e a queda do absolutismo, a independência das Colônias Inglesas na América do Norte, a Revolução Industrial e o consequente interesse da Inglaterra em ampliar seus mercados e o Iluminismo. Porém, os conflitos entre a colônia e a metrópole seriam fatores decisivos nas lutas de independência.

Segundo Prado (1994), a estrutura de privilégios da sociedade colonial espanhola desagradava de forma crescente aos *criollos*. A posição inferior aos *chapetones* gerava conflitos sociais, econômicos e políticos, uma vez que os descendentes de espanhóis nascidos na América desempenhavam um papel secundário em termos de privilégios, administração e decisões políticas. As elites locais encontraram apoio nos setores médios intelectualizados, que não viam possibilidades de ascensão dentro do sistema colonial.

Embora pese na América Latina (AL) a herança do passado colonial que se traduz em profundas desigualdades sociais, dependência externa e inserção internacional assimétrica, houve um processo de ruptura e de novas formas de representação política. As independências se apresentaram como uma resposta da própria sociedade colonial aos impasses então vividos. Por maior que tenha sido a importância dos fatores externos, esse foi um processo histórico configurado por atores próprios, que de fato vivenciaram a crise posta no mundo colonial e que, por meio dela, buscaram uma resposta em benefício de seus interesses (Gouvêa, 1997).

A Espanha, com fraca industrialização, tornou-se em fins do século XVIII devedora da Inglaterra e da França, importando seus produtos. Em função disso, a Coroa aumentou impostos e restringiu ainda mais o comércio colonial. Essas medidas desagradaram os já insatisfeitos *criollos*, mas o evento que serviu de "gatilho" para a ruptura foi a invasão das tropas de Napoleão Bonaparte sobre a Espanha, em 1808. Houve resistência à ocupação francesa na Espanha e nas colônias – as elites locais iniciaram a formação das juntas governativas (governos autônomos). Passou-se a defender a emancipação, inspirada pela independência norte-americana e pelos ideais liberais da Revolução Francesa – liberdade, igualdade e fraternidade (Prado, 1994).

Ainda que se possam traçar comparações entre os movimentos de independência das colônias espanholas com a independência do Brasil, pois são tidos como movimentos das elites, os primeiros se distanciam em muito do que ocorreu no Brasil. De acordo com Prado (1994), os movimentos variaram de região para região, mas, no geral, apresentaram as seguintes características:

- adoção do regime republicano (Brasil e México foram exceções, adotando a Monarquia);
- intensa participação popular, embora sob liderança dos *criollos*;
- anos de conflitos armados com a Espanha;
- fragmentação territorial, que deu origem a várias nações.

É importante salientar que houve rebeliões anteriores que influenciaram as lutas pela independência. Destaca-se a iniciada no Peru, em 1780, liderada pelo indígena Tupac Amaru II, descendente da nobreza incaica, que combatia o trabalho forçado dos indígenas na região. Em princípio, houve reivindicações pelos meios legais, que não obtiveram retorno, fazendo com que os indígenas organizassem a luta armada, ultrapassando os próprios objetivos de seu líder, contando com forte adesão e violência. A insurreição foi fortemente reprimida pela Coroa Espanhola, que contou com o auxílio da Igreja Católica, dos *criollos* e dos vice-reis. Ocorreram mortes, prisões, excomunhões, retirada dos títulos de nobreza incaica e proibição de qualquer manifestação relacionada às tradições incas. Tupac Amaru II e sua esposa Micaela foram executados (Pellegrino; Prado, 2014).

Também ocorreram levantes na Venezuela, comandados pelo *criollo* Francisco Miranda, considerado o precursor da independência. Após os Estados Unidos, a segunda colônia americana a se tornar independente foi o Haiti. A revolta, iniciada em 1791, partiu dos escravos de origem africana, que exigiam o fim da dominação da elite branca, que também buscava autonomia em relação à França. Após a Revolução Francesa, no período em que o país esteve governado pelos revolucionários, a França decidiu acabar com a escravidão em suas colônias (James, 2000).

De acordo com James (2000), Toussaint Louverture, a principal liderança haitiana, esperava o apoio da França sem imaginar que a ascensão do bonapartismo teria rompido por completo com os ideais da Revolução – inclusive no tocante à questão da escravidão nas colônias. Napoleão Bonaparte enviou um grande contingente de seu exército visando reassumir o controle do Haiti e prendeu Toussaint Louverture (que veio a falecer no cárcere), quando este se encontrava na França buscando apoio. Intensas batalhas se travaram, mas os haitianos conseguiram derrotar as forças francesas e proclamar a independência do Haiti em 1804.

O movimento pela independência passou a se difundir por outros territórios americanos e a ser encabeçado pelos *criollos* a partir de 1808. Ele pode ser dividido em duas fases: a primeira, caracterizada pela atuação nas juntas governativas, que proporcionaram maior autonomia às elites locais; e a segunda, marcada pelo conflito aberto contra as forças espanholas, que passaram a reprimir as rebeliões locais após a queda de Napoleão. O apoio da Inglaterra foi fundamental no processo, contribuindo militar e financeiramente, pois era interessada na expansão de seus mercados na AL.

> **Importante!**
>
> É preciso destacar que, embora os movimentos de independência das colônias espanholas tivessem apoio popular e fossem inspirados no lema "liberdade, igualdade e fraternidade", tais ideais não se estenderam aos menos favorecidos. Prado (1994) aponta que, durante e após os processos de independência, não raros setores liberais aliaram-se aos conservadores – inclusive com forte influência da Igreja Católica – no intuito de reprimir determinadas reivindicações e manter intacta sua estrutura de privilégios. Também temiam que ocorressem levantes inspirados na revolução haitiana, sufocando violentamente as revoltas populares, agindo em prol da manutenção da ordem social.

(1.8)
A AMÉRICA LATINA NA ATUALIDADE

Antes de realizarmos um panorama sobre a AL na atualidade, seria interessante estabelecermos uma breve cronologia de alguns pontos que vimos até aqui e de assuntos historicamente pertinentes. Observe o Quadro 1.1.

Quadro 1.1 – Cronologia da independência latino-americana

1804 • É declarada a independência do Haiti.

1810 • O México inicia em 1810 a guerra pela emancipação, que adquire contornos religiosos, republicanos e de revolta popular contra a elite. A revolução social é sufocada e a proclamação da independência ocorre após negociação com a Espanha. O México adota o regime monárquico em 1821.

1811 • O Paraguai torna-se independente.
• O Uruguai obtém vitória contra a Espanha, mas é dominado e anexado ao Brasil em 1821 (tornando-se "Província Cisplatina"), conquistando sua independência somente em 1828.

1818 • O Chile emancipa-se em 1818 com o apoio do exército do general San Martín, que já havia atuado na Argentina.

1819 • Venezuela e Colômbia tornam-se independentes. Simón Bolívar liderou a emancipação da primeira e atuou na segunda, também tendo participação na de Equador, Bolívia, Panamá e Peru.

1821 • É formada a República Federal da América Central, que posteriormente dará origem a Nicarágua, El Salvador, Honduras e Guatemala.
• O Panamá é anexado à Colômbia, emancipando-se dela somente em 1903.

1822 • San Martín recebe apoio da esquadra marítima inglesa no Peru, que torna-se independente.
• O Equador torna-se independente.
• Proclamação da Independência do Brasil.

(continua)

(Quadro 1.1 – conclusão)

1825 • A Bolívia torna-se independente.

1826 • A Argentina torna-se independente.

1898 • Cuba conquista sua emancipação na guerra contra a Espanha, com interferência dos Estados Unidos. Os estadunidenses exigiram, então, a independência da ilha, o que foi recusado pelos espanhóis, dando início ao confronto. Pelo Tratado de Paris de 1898, a Espanha cedia Cuba, Porto Rico e Filipinas aos Estados Unidos. Cuba se tornaria independente em 1902 e as Filipinas em 1945.

Fonte: Elaborado com base em Pellegrino; Prado, 2014; Prado, 1994.

Na contemporaneidade, a AL é o continente com maior desigualdade social do globo. Os estratos mais abastados da população – que compõem uma pequena minoria – recebem o dobro dos estratos de maior renda dos países que compõem a Organização para a Cooperação e Desenvolvimento Econômico (OCDE), enquanto que a camada mais pobre recebe a metade do que receberia naqueles mesmos países. Há, ainda, o agravante de que, entre os pobres, as mulheres e os negros são os que possuem menores rendimentos. De todos os países do continente, o Haiti é o que apresenta os piores indicadores com relação à renda, educação e longevidade (Centeno; Hoffman, 2006).

De acordo com Centeno e Hoffman (2006), uma parte significativa da miséria de grande parte da população não é originária da pobreza propriamente dita, mas surge como consequência da desigualdade social historicamente forjada. Em países que se encontram em posição de desenvolvimento semelhante à dos latino-americanos não há ricos no mesmo patamar que os nossos. É o alto nível de concentração da riqueza que impede que a pobreza seja reduzida. Os períodos de crescimento econômico experimentados após a Segunda Guerra não modificaram esse quadro, e as crises nos anos 1980 e 1990 e de abertura econômica na globalização elevaram os patamares de desigualdade.

A pobreza está diretamente relacionada, também, à alta criminalidade nas cidades latino-americanas e à falta de acesso de grande parte da população aos serviços mais básicos, como moradia, saúde e saneamento.

Mesmo que alguns países tenham reduzido os níveis de pobreza nas últimas duas décadas, os níveis de desigualdade aumentaram.

> **Importante!**
>
> A desigualdade diz respeito à concentração de altas rendas e riquezas (terras, capital, imóveis) em poucas mãos. Ela pode continuar elevada mesmo se reduzida a pobreza – fenômeno que, no caso latino-americano, deve-se a políticas de inclusão social, que, embora positivas, não reduzem, em si, a desigualdade e não transformam a estrutura social assimétrica.

Tais desigualdades são produto da forma com que, historicamente, foram moldados os níveis de concentração fundiária. Em quase todos os países, a elite agrária também concentrou os poderes político e social, mantendo praticamente intocada a estrutura colonial. No Brasil, até os anos 1980, 80% das terras eram de mais de cem hectares, enquanto que as de menos de dez hectares correspondiam a apenas 2,5%. Menos de 1% era de mais de mil hectares, mas estas respondiam por 43% da terra. Até a década de 1970, os pobres concentravam-se na zona rural. Com a mecanização da agricultura e o êxodo rural consequente, a pobreza reduziu no meio rural, mas aumentou no urbano (Centeno; Hoffman, 2006).

O padrão salarial na AL é baixo, se comparado com os países desenvolvidos e os da OCDE. Ainda assim, registraram queda nas décadas de 1980 e 1990. Houve um empobrecimento da classe média e dos funcionários públicos. A baixa qualificação dos trabalhadores também é um dos fatores que pesam na composição salarial. Além disso, destaca-se a informalidade em nossas relações trabalhistas. Quase todos os países registram baixa escolarização da maioria de suas populações, e o analfabetismo é ainda um fenômeno presente. Com a globalização, os Estados reduziram ainda mais seus já baixos investimentos nas áreas sociais, onde eles mais deveriam estar atuantes. Inclusive, trataremos sobre essa questão nos capítulos seguintes.

Resumidamente, a composição de classes da AL compreende:

- *Uma "classe dominante" constituindo de 5% a 13% da população urbana conforme o país. Concentrada na capital, essa classe inclui pequenos e grandes empresários, burocratas de alto escalão, além de um diminuto número de pessoas nos postos de comando.*
- *A "pequena burguesia" de pequenos donos de lojas e microempresários, somando de 7% a 11% da população urbana. Esse talvez seja o setor que mais foi afetado pela globalização, ou shoppinização, de muitas cidades.*

- Um *"proletariado formal"*, consistindo em 35% a 40% das populações urbanas, incluindo aqueles que trabalham em grandes fábricas e os que ocupam os cargos mais baixos do serviço público.
- O *"setor informal"*, incluindo de 40% a 50% da população, no qual se destacam os donos de pequenas empresas ilegais, os trabalhadores dessas empresas e a massa de vendedores de rua e provedores de serviço sem nenhuma segurança ou proteção. (Centeno; Hoffman, 2006, p. 19)

A essa estrutura acrescentam-se os estratos sociais do meio rural, compostos por: elites políticas e abastados; empresários, profissionais do agronegócio e comerciantes; trabalhadores rurais, muitos dos quais suportam altos níveis de exploração; e uma classe ainda mais vulnerável, formada por descendentes de indígenas. Cabe adicionar ainda o chamado *setor informal* apontado pelos autores, o que Marx (1998) denominou *lumpemproletariado*: vendedores ambulantes, pessoas que sobrevivem de "bicos", desvalidos e moradores de rua e aqueles que exercem atividades marginais (como prostituição, rufianismo, roubos, assaltos e tráfico de drogas).

Por outro lado, os movimentos de mulheres e das minorias têm reclamado direitos e feito pressão sobre os governos, em escala mundial. Na AL, os movimentos de mulheres, indígenas, negros e sem-terra têm conquistado cada vez mais visibilidade nas duas últimas décadas. Para além das pautas específicas, eles denunciam as profundas desigualdades existentes no continente e têm avançado em suas conquistas que, embora insuficientes, não podem ser ignoradas. Além disso, dados divulgados em relatório do Banco Mundial de 2013 (Ferreira et al., 2013) apontam para uma significativa redução da pobreza a partir de 2003 em vários países latino-americanos e para um padrão de mobilidade social ascendente, aumentando em torno de 50% o número de pessoas que integram a classe média.

Segundo o mesmo relatório, essa mudança se deve aos avanços em relação à melhoria da renda, resultante de ações governamentais voltadas à criação de programas sociais e de desenvolvimento econômico. Embora, como já assinalado, aumentar a renda não corrija problemas estruturais, trata-se de uma significativa conquista. Cabe acompanhar se futuramente será aprofundada ou mesmo mantida.

Síntese

Diferentes povos e culturas habitavam o continente americano antes de sua conquista pelos europeus; portanto, a noção de "descobrimento" revela uma perspectiva eurocêntrica. Entre os objetivos dos colonizadores, estavam a busca de especiarias e metais preciosos e a difusão da fé cristã. A ação colonizadora resultou em tragédias para os indígenas (massacres, guerras, doenças, exploração) e na destruição de impérios como o inca, o asteca e a civilização maia. Tanto a sociedade colonial espanhola quanto a portuguesa eram rigidamente hierarquizadas no sentido de excluir negros, mestiços, pobres e nativos. A insatisfação das próprias elites locais, no caso das colônias espanholas, desembocou nos movimentos de independência. Entretanto, as insurreições populares foram sufocadas. A atual realidade da AL é herdeira da forma como historicamente o continente foi explorado, constituiu seus governos e compôs suas relações de classe e raça.

Indicações culturais

Filmes

1942: A CONQUISTA do paraíso. Direção: Ridley Scott. EUA/ França/Espanha, 1992. 140 min.

O filme narra a trajetória do navegador Cristóvão Colombo desde o processo de solicitação da viagem à Coroa espanhola, a viagem propriamente dita, até a chegada no continente e a decadência de Colombo na velhice. Aborda os percalços da aventura, os interesses no empreendimento, os sentimentos difusos da descoberta. Além disso, o filme mostra o contato dos espanhóis com os nativos e a violência decorrente já no início da colonização.

A MISSÃO. Direção: Roland Joffé. Inglaterra, 1986. 125 min.

Um padre jesuíta chega ao Brasil com o objetivo de converter os nativos ao cristianismo. Um ex-mercador de escravos arrependido se junta à missão, enfrentando os interesses dos colonizadores portugueses que pretendem escravizar os indígenas.

Livro

PELLEGRINO, G.; PRADO, M. L. **História da América Latina**. São Paulo: Contexto, 2014.

Síntese da história latino-americana desde a colonização ibérica, as independências políticas e a formação dos Estados nacionais, chegando aos acontecimentos do século XX (como as ditaduras civis-militares). A obra também passa por questões como a construção das identidades, estabelecendo relações com temas como educação, cidadania e cultura. O livro auxilia os leitores a pensar em questões do presente e em nossa ligação histórica com os demais países latino-americanos.

Atividades de autoavaliação

1. Escritores e poetas portugueses retrataram o imaginário que acompanhou o homem ibérico na sua aventura por mares nunca antes navegados. Os perigos da viagem e as fantasias que a cercavam não o impediram de partir nessa busca, cujo objetivo era:
   a) abrir novos caminhos para o Oriente, conquistar novos mercados, encontrar metais preciosos e propagar a fé cristã.
   b) capturar escravos africanos, cultivar cana-de-açúcar e catequizar os indígenas.
   c) capturar escravos, encontrar metais preciosos e descobrir correntes marítimas desconhecidas.
   d) encontrar ouro e marfim e expandir o protestantismo.
   e) explorar pau-brasil, testar os novos conhecimentos náuticos e expandir novas rotas comerciais.

2. Sobre os processos de independência da América Latina, assinale a alternativa **incorreta**:
   a) Diferentemente da Independência do Brasil, nas colônias espanholas as lutas contaram com participação popular.
   b) Antes das guerras pela independência emergirem, houve alguns movimentos isolados de libertação.
   c) As elites locais tinham grande interesse em romper com a metrópole, mas não na revolução popular.
   d) Além da luta pela independência, a revolução no Haiti teve um caráter profundamente popular e antiescravista.
   e) O processo de independência também levou a uma profunda mudança social, emancipando negros, indígenas e mestiços das antigas estruturas coloniais.

3. Assinale a alternativa que corresponde aos objetivos da colonização portuguesa no Brasil:
   a) Tal como ocorreu na colonização dos EUA, os portugueses estabeleceram no Brasil uma colônia de povoamento.
   b) Tratou-se de uma aventura ultramarina, sem maiores consequências.
   c) Constituir uma sociedade de europeus, marcada pela exploração dos nativos, com os quais não houve miscigenação.
   d) Fixar as populações no território para o seu próprio desenvolvimento econômico.
   e) Abastecer o mercado europeu pela exploração de mão de obra escrava na extração de metais preciosos e mercadorias como algodão, açúcar e tabaco.

4. Considere as afirmativas a seguir, a respeito das características das civilizações ameríndias estudadas neste capítulo.
   I) A civilização maia era dispersa, mas as cidades exerciam o poder político pelo controle das vilas e aldeias próximas.
   II) Os espanhóis encontraram grande dificuldade em derrotar as populações nativas, que eram fortemente unificadas.
   III) O império inca desenvolveu complexos sistemas de logística e de engenharia para controlar a população em seu vasto território.
   IV) A religião asteca não era um aspecto relacionado ao poder de seu império.

Estão corretas:

a) Apenas as afirmativas I e II.
b) Apenas as afirmativas I e III.
c) Apenas as afirmativas II e III.
d) Apenas as afirmativas II e IV.
e) Apenas as afirmativas IV e III.

5. Sobre o contato dos europeus com os povos ameríndios é **incorreto** afirmar:

   a) Na chegada dos europeus, houve a formação de alianças entre espanhóis e populações nativas com o objetivo de derrotar o poder imperial já consolidado.
   b) Apesar do estranhamento inicial, o contato interétnico foi pacífico e os ameríndios tiveram suas culturas e modos de vida respeitados.
   c) Os primeiros relatos dos conquistadores se dividiam entre as descrições de "selvagens", "pacíficos" e "amistosos".
   d) A imposição da catequese foi uma das formas de desestruturação das culturas indígenas.
   e) Os indígenas ofereceram resistência, seja guerreando, seja buscando manter suas crenças.

Atividades de aprendizagem

Questões para reflexão

1. Apesar de muitos missionários denunciarem a violência e a escravidão impostas aos nativos, podemos afirmar que esses religiosos tinham uma visão etnocêntrica e colaboraram para a colonização? Justifique sua resposta.

2. Explique os diferentes simbolismos expressos na denominação *índio*.

3. Segundo o poeta Pablo Neruda, os conquistadores foram a cruz, a espada e a fome. Comente sobre esta visão, considerando o que você estudou sobre a ação dos europeus ante os indígenas americanos.

Atividade aplicada: prática

1. O etnocentrismo é uma visão de mundo que avalia determinadas culturas e modos de vida como superiores a outros. Tendo isto em mente, avalie o modo com que os povos latino-americanos (na condição de imigrantes em outros países) e indígenas são comumente representados no cinema e na mídia em geral.

Capítulo 2

A Comissão Econômica para a
América Latina e o Caribe (Cepal)
e seu contexto histórico

Neste capítulo, será apresentado o pensamento cepalino, que é um conjunto de teorias e concepções econômicas a respeito das particularidades da realidade latino-americana produzidas na Comissão Econômica para a América Latina e o Caribe (Cepal) a partir de 1948. A Comissão surgiu da preocupação com o subdesenvolvimento da América Latina (AL), com o objetivo de fornecer instrumentais analíticos que auxiliassem no seu crescimento socioeconômico, tornando a região soberana. Algumas teorias que tiveram origem na Cepal serão discutidas adiante e, por esse mesmo motivo, torna-se importante a compreensão do contexto em que elas se desenvolveram, assim como seus desdobramentos.

Assim, neste capítulo, abordaremos o contexto de surgimento da Cepal na AL, buscando envolver questões como sua constituição histórica, o debate sobre os processos de industrialização e o desenvolvimento da AL na ótica de seus principais autores e teóricos.

(2.1)
O CONTEXTO DE SURGIMENTO DA CEPAL NA AMÉRICA LATINA

A história da AL, desde o período dos movimentos de independência no século XIX, foi marcada por uma assimetria nas relações de poder ante as potências da Europa e dos Estados Unidos.

> *Desde as suas origens, com uma economia agroexportadora e, portanto, dependente das condições de mercado externo, os países latino-americanos sempre estiveram com suas atenções voltadas para os grandes centros econômicos mundiais. A divisão internacional do trabalho os manteve por longo tempo atrelados a uma função de produtores e exportadores de*

matérias-primas e alimentos para os centros industriais dos quais procediam as importações de bens manufaturados para o abastecimento dos mercados internos da região. (Poletto, 2000, p. 12)

Ao longo de sua história, o modelo colonial foi perdendo sua força em face do avanço do capitalismo industrial. Em termos econômicos, houve uma enorme pressão sobre Portugal e Espanha, o que acabou por inviabilizar a economia colonial no modelo latifundiário com uso de mão de obra escrava. Outros fatores, como o desenvolvimento das colônias, a formação de elites locais e as influências das ideias iluministas, fizeram emergir movimentos de independência e emancipação.

Diante desse contexto de mudança, nas primeiras décadas do século XIX surgiram nomes como os de Simón Bolívar, o qual liderou um movimento de emancipação política que ajudou a libertar a Venezuela, a Colômbia, a Bolívia, o Peru e o Equador, conforme vimos no Capítulo 1.

A História registra Simón Bolívar como o seu primeiro grande mentor. Em nome da liberdade e da independência das novas nações, ameaçadas pelas metrópoles europeias e pela América do Norte, ele formulou uma proposta de unidade regional bastante ambiciosa que incluía os projetos de formação de uma Federação de Repúblicas, de um sistema comum de defesa e de uma união econômica.

A proposta de Simón Bolívar sofreu grandes resistências e não vingou. Lavrei no mar, teria dito ele. Todavia, a ideia se manteve ao longo de todo o século passado e durante a primeira metade deste com um conteúdo predominantemente sociopolítico ou, mais precisamente, como uma bandeira em defesa dos genuínos valores latino-americanos face aos externos.

Essa manifestação do latino-americanismo pode ser considerada a primeira fase do movimento integracionista regional. (Poletto, 2000, p. 21)

O projeto de Bolívar era a unificação da AL numa grande nação, em condições de se colocar com equilíbrio de forças com as potências do velho continente.

Na Argentina e no Chile, o processo de libertação tinha à frente outro emblemático líder argentino, José de San Martín. No Brasil, somente no ano de 1822 é que foi proclamada a Independência, ficando a cargo do herdeiro do trono de Portugal, D. Pedro I, assumir como imperador. O processo de independência brasileiro foi articulado pelas elites com pouca participação popular, o que, na prática, não alterou as condições de trabalho e a vida social do povo em geral. Lembramos que ainda por muito tempo iria predominar a mão de obra escrava.

O processo de luta por independência se configurou em uma primeira fase de integração entre os diferentes países do continente latino-americano. O fato de apresentarem realidades sociais e econômicas complexas e heterogêneas se mostrava um desafio à ideia integracionista, que teve na figura de Bolívar seu precursor.

> *Toda essa fase foi permeada por uma tensão entre o Panamericanismo e o latino-americanismo. As sucessivas Conferências Internacionais Americanas, a partir de 1889-90, promovidas pelos EUA, tinham por objetivo promover o ideário pan-americano. Ao mesmo tempo, porém, se fortalecia o sentimento latino-americano. Até mesmo dentro da OEA, para fazer frente ao poder desmesurado dos EUA, os países latino-americanos membros criaram um foro próprio que foi a Comissão Especial de Coordenação Latino-americana (Cecla).* (Poletto, 2000, p. 21-22)

O propósito de integração visava à formação de um bloco unificado dos países-membros para fortalecer seu desenvolvimento econômico em relação às potências europeias e aos Estados Unidos.

A lembrança de já ter sido colônia e passado por décadas de domínio estrangeiro foi um elemento importante na motivação pela busca da integração e da soberania dos países da AL.

Segundo Poletto (2000), houve ainda duas fases subsequentes de ações para a construção da integração latino-americana. A aproximação entre os países do continente e o estreitamento de suas relações econômicas se tornou o principal objetivo para alavancar um processo de desenvolvimento industrial. Algumas iniciativas merecem destaque nessa segunda fase de tentar construir a integração:

> *Esta segunda fase do movimento integracionista se caracteriza, de um lado, por um grande debate em torno da questão da integração regional e, de outro lado, pela implantação de projetos de integração econômica, seja de alcance regional, seja a nível sub-regional. Trata-se aqui da criação da Associação Latino-americana de Livre Comércio (Alalc), em 1960, da formação do Mercado Comum Centroamericano (MCCA), iniciada no início dos anos 1950, da constituição do Pacto Andino e, mais tarde, a formação da Comunidade Caribenha (Caricom). Antes de levar ao debate a formação de um mercado comum, a Cepal formulou o conceito de cooperação econômica regional. Em consequência disso, nessa fase foi se ampliando e se intensificando a rede de relações intralatino-americanas.*
> (Poletto, 2000, p. 22)

É nesse contexto que a Cepal busca articular sua iniciativa de integração regional, fortalecendo as análises que direcionam o protagonismo e os potenciais da AL. Ainda numa terceira fase de aproximação integracionista, outras iniciativas no plano econômico representam importantes conquistas, como a criação da Associação Latino-Americana de Integração (Aladi), em 1980.

> **Importante!**
>
> Além do campo econômico, é preciso lembrar que a década de 1980 foi marcada pela democratização em toda a AL, com a superação do autoritarismo político e dos anos de chumbo dos governos ditatoriais em diversos países do continente.

A democratização na AL possibilitou a emergência de novas ações no campo das aproximações culturais e econômicas dentro do continente e fora dele, inclusive como estratégia para enfrentar a grave crise econômica que se abateu sobre toda região nas décadas de 1980 e 1990.

Tal conjuntura não passou despercebida pelos autores integrantes da Cepal. Eles fizeram surgir análises que mostravam as fragilidades na estrutura econômica dos países da AL, evidenciando o quanto estavam expostos e dependentes das economias externas. Paralelamente, houve diversas iniciativas de aproximar os países e, levando em consideração suas condições peculiares, pensar em estratégias para fortalecer o continente em face dos desafios da economia internacional. Tratou-se de um esforço conjunto de diversos países que resultou, de acordo com Poletto (2000, p. 22), numa tomada de consciência e, consequentemente, num posicionamento

> *a respeito da grave problemática interna; da necessidade de afirmação da América Latina no plano externo, da importância de abrir novos espaços para uma maior autonomia interna; da urgência do tratamento político da dívida externa e da conveniência de imprimir uma dimensão política ao processo de integração regional. Para tanto, impunha-se lograr uma maior articulação política interna, bem como desenvolver ações comuns e solidárias e implementar estratégias coletivas de ação para fazer face aos problemas internos e externos.*

Acompanhando as iniciativas no plano econômico, houve reação também no plano político com a formação de representações políticas conjuntas envolvendo os diferentes países participantes, como foi o Mercado Comum do Sul (Mercosul), formando um fórum de articulação política para construção de projetos regionais de interesse mútuo. Sem essa articulação política, as iniciativas no plano econômico não se sustentam.

Essa breve digressão histórica serve para situar resumidamente a trajetória da AL, que, mesmo após obter sua independência política, não conseguiu superar as influências e as interferências das nações imperialistas.

(2.2)
A Cepal e sua constituição histórica

Passados mais de um século do processo de independência da maioria dos países da AL, foi somente em 1948, três anos após o fim da Segunda Guerra Mundial, que surgiu uma organização para pensar a realidade latino-americana diante das mudanças na economia mundial. Assim, surgiu a Comissão Econômica para a América Latina e o Caribe, a Cepal. Formada por um conjunto de 44 países da AL e do Caribe, também fazem parte da Cepal: o Japão, a França, o Canadá, a Espanha, os Estados Unidos, entre outros.

> **Preste atenção!**
>
> A Cepal integra a Organização das Nações Unidas (ONU), constituindo uma de suas comissões para assuntos econômicos. Teve o contexto de sua criação marcado pelo desenvolvimento da economia dos países capitalistas.

Embora não com a mesma velocidade e intensidade, as economias dos países latino-americanos experimentavam o avanço de sua industrialização e viam suas economias crescerem a uma taxa anual de quase 6% (Bielschowsky, 2000b). Diante desse movimento de expansão industrial e econômica, faltava um embasamento teórico que ajudasse a dar suporte técnico e ideológico, ideias que ajudassem no direcionamento das jovens nações no contexto do mundo capitalista da Europa e dos Estados Unidos.

Durante mais de meio século a Cepal atuou como a principal referência na produção de conhecimento e de análises sobre a condição econômica na AL e no Caribe. A intervenção da Cepal no debate econômico mundial contribuiu para que fossem pensadas políticas de desenvolvimento direcionadas à realidade heterogênea da AL.

> **Importante!**
>
> Ao longo de sua existência, o pensamento cepalino foi se modificando e incorporando outros elementos analíticos, de modo a responder aos desafios conjunturais das mudanças na economia capitalista.

Havia teorizações, como as de Rostow (1961), que estabeleciam um processo ascendente por fases e etapas de desenvolvimento, o que, de certa forma, servia para hierarquizar o desenvolvimento econômico mundial, em países amadurecidos e países ainda em fase de amadurecimento. A Cepal, com seus autores e teóricos, posiciona-se contrariamente a essa concepção, defendendo a necessidade de se pensar o desenvolvimento da AL com base em suas próprias realidades e potências, e não numa perspectiva de dependência dos países industrializados (Bielschowsky, 2000b).

A contraposição ao alinhamento subserviente da AL ao capitalismo dos países desenvolvidos partiu de uma análise histórico-estrutural e da teoria do subdesenvolvimento periférico. Nesse sentido,

> a CEPAL elaborou toda uma análise sobre a especificidade da realidade socioeconômica dos países subdesenvolvidos, propondo um conjunto de políticas visando à superação do atraso pela via da industrialização. Sua denúncia da assimetria existente nas relações econômicas internacionais, apoiada na tendência secular à deterioração dos termos de troca, e suas propostas de caráter reformista encontrariam a resistência de setores conservadores das elites latino-americanas e de alguns membros da comunidade internacional. (Nery, 2004, p. 20)

O pensamento cepalino nessa fase contribuiu para uma percepção crítica em relação ao atraso econômico da AL e do Caribe, mostrando os fatores internos e externos que atuavam como obstáculos ao desenvolvimento da região. Entre eles, estavam o conservadorismo das elites, ainda presas à mentalidade colonial, e a relação desigual com países mais desenvolvidos, mais interessados em conseguir recursos do que em estabelecer parceria econômica com bases em mútuas vantagens.

Importante!

No período pós-guerra, o pensamento cepalino se afirmou em contraposição às teorias econômicas tradicionais, que colocavam a AL no eixo do desenvolvimento progressivo, igualando-se aos países mais desenvolvidos industrial e economicamente.

Diante dessa perspectiva, a Cepal começou a fazer "uma crítica da teoria tradicional da divisão internacional do trabalho e do comércio internacional, pela qual os países centrais produziriam produtos industrializados e os Países Periféricos ficariam encarregados de produzirem e exportarem produtos primários" (Porto, 2000, p. 121).

Os autores e analistas ligados à Cepal questionaram as relações hierárquicas entre as nações, apontando que, em função dessa relação de desigualdade entre os países, a AL era colocada numa condição desfavorável, subalterna aos mercados externos em relação à divisão internacional do trabalho. A ideia de se colocar no mundo do comércio mundial apenas como produtor de recursos e insumos passa ser criticada de modo sistemático e teoricamente embasado.

As primeiras formulações teóricas da Cepal se constituíram pela perspectiva estruturalista, segundo a qual seria necessário pensar o desenvolvimento dos países da AL numa relação histórico-estrutural, envolvendo, inclusive, a ação do Estado para fomentar e desenvolver políticas de viabilização do desenvolvimento econômico e industrial.

> *Segundo a Cepal, na teoria tradicional não se contava com a capacidade de pressão das organizações patronais e sindicais dos países centrais por reter em seus próprios territórios os benefícios do maior progresso técnico e nem de seu poder em impor relações de intercâmbio pelas quais os preços de seus produtos seriam sempre relativamente maiores que aqueles praticados internacionalmente em relação aos produtos primários.*
>
> *Para romper com esses termos de intercâmbio tão desfavoráveis necessitavam os países periféricos promoverem uma intensa industrialização. Esta deveria iniciar-se buscando suprir a demanda já estabelecida por produtos industrializados, nos países periféricos, o que significava promover uma* **industrialização por substituição de importações**. (Porto, 2000, p. 121-122, grifo do original)

A tese da industrialização, para se efetivar, precisava da ajuda do Estado, caso contrário, as economias da AL ficariam numa condição prolongada de subalternidade em relação às economias e os mercados mundiais. Seria necessário proteger as economias da AL que estavam ainda se formando. Para isso, foram inseridas medidas políticas de taxação e tributação de produtos industrializados importados, assim como políticas de financiamento e fomento das empresas nacionais. Com o tempo, porém, as empresas seriam capazes de atender ao consumo interno em crescimento, substituindo as exportações pela produção nacional.

Raúl Prebisch, um dos primeiros teóricos da Cepal, acreditava que a originalidade da instituição residia não só na sua proposta como agência consultiva, mas também na combinação de seu método. Embora ela tenha sido definida posteriormente como estruturalista, conservava, segundo Prebisch (2000), um viés dialético ao pensar a realidade na dualidade "centro" e "periferia". Essa relação mostrava uma inserção desfavorável às economias subdesenvolvidas nos mercados das economias centrais, isso em função de um processo industrial atrasado na "periferia". Suas limitações seriam concorrer com um mercado com maior valor agregado e um crescente poder de compra do mercado consumidor do "centro".

A abordagem estruturalista das análises da Cepal em relação à AL encontra uma das explicações e sínteses mais lúcidas na formulação de Ricardo Bielschowsky (2000a), economista brasileiro, estudioso do pensamento cepalino. Ele entende que as primeiras formulações das análises da Cepal seguiam um viés estruturalista ao estudar diferentes períodos históricos de modo comparativo, como o caso do desenvolvimento industrial da Europa e o subdesenvolvimento da AL, que continham especificidades econômicas e aspectos culturais diferenciados. Isso explicaria, em parte, os distintos caminhos econômicos. Nessa perspectiva, já se contempla, pelo menos parcialmente, a relação estrutural de dependência entre as economias periféricas e as economias centrais.

A complexidade dessa relação comparativa, considerando a diferença entre as partes envolvidas e as causas do subdesenvolvimento na AL, exige um tratamento teórico diferenciado, já que teorias econômicas tradicionais não teriam condições de explicar a contento. Nesse aspecto, a tradição do pensamento cepalino conseguiu dar uma contribuição importante, inaugurando um novo filão analítico para pensar as economias fora do eixo das economias centrais dos países desenvolvidos, como Estados Unidos, Alemanha, França e Inglaterra.

Vale lembrar que a Cepal, embora congregasse intelectuais e pesquisadores com carreira acadêmica, não era propriamente uma instituição acadêmica. Sua produção teórica esteve alinhada com os objetivos da ONU para pensar o mundo no pós-guerra, além de encontrar caminhos possíveis para o desenvolvimento nos países de periferia do mundo.

Desde sua criação, em 1948, a Cepal atuou como uma das principais referências de análise social e econômica da AL e no Caribe. Suas teses ajudaram a consolidar um pensamento próprio em relação à AL e suas especificidades. Trata-se de um conjunto de teorias que se destacaram por terem exercido influência ao longo de cinco décadas na formulação de políticas econômicas para a região. Um dos principais eixos teóricos de análise do pensamento cepalino foi ter mostrado a relação assimétrica entre a AL e as economias centrais, evidenciando a subordinação entre a periferia, formada pelos países da AL e o Caribe, com suas economias subdesenvolvidas, e as economias capitalistas centrais, como Europa e Estados Unidos. Uma subordinação estrutural com padrões específicos

> *de inserção na economia mundial como "periferia", produtora de bens e serviços com uma demanda internacional pouco dinâmica, importadora de bens e serviços com uma demanda interna em rápida expansão e assimiladora de padrões de consumo e tecnologias adequadas para o centro, mas com frequência inadequadas para a disponibilidade de recursos e o nível de renda da periferia; Segundo, derivou na ideia de que a estrutura socioeconômica periférica determina um modo singular de industrializar, introduzir o progresso técnico e crescer, assim como um modo peculiar de absorver a força de trabalho e distribuir a renda.* (Cepal, 2000)

O arcabouço teórico da Cepal busca explicar o processo de desenvolvimento da economia capitalista mundial e suas implicações para os países da AL e o Caribe. Essa relação desigual no plano econômico e tecnológico forneceu o contexto por meio do qual se desenvolvem as teses cepalinas.

A seguir, apresentamos um quadro que resume as análises realizadas, no sentido de entender os diferentes enfoques e planos desenvolvidos pela Cepal.

Quadro 2.1 – Temas e períodos da análise da Cepal

Elementos permanentes	Análise histórico-estruturalista		
Períodos e temas	Inserção internacional (centro-periferia e vulnerabilidade externa)	Condições estruturais internas (econômicas e sociais) do crescimento/ progresso técnico e de emprego/ distribuição da renda	Ação estatal
1948-1960 (industrialização)	Deterioração das relações de troca; desequilíbrio estruturado balanço de pagamentos; integração regional	Processo de industrialização substitutiva; tendências perversas causadas pela especialização e heterogeneidade estrutural: inflação estrutural e desemprego	Conduzir deliberadamente a industrialização
1960 (reformas)	Dependência; integração regional; política internacional de redução da vulnerabilidade na periferia; viés antiexportação industrial	Reforma agrária e distribuição da renda como requisito para redinamizar a economia; heterogeneidade estrutural; dependência	Reformar para viabilizar o desenvolvimento

(continua)

(Quadro 2.1 – conclusão)

Elementos permanentes	Análise histórico-estruturalista		
1970 (estilos de crescimento)	Dependência, endividamento perigoso; insuficiência exportadora	Estilos de crescimento, estrutura produtiva e distributiva e estruturas de poder; industrialização que combina o mercado interno e o esforço exportador	Viabilizar o estilo que leve à homogeneidade social; fortalecer as exportações industriais
1980 (dívida)	Asfixia financeira	Ajuste com crescimento; oposição aos choques do ajuste, necessidade de políticas de renda e eventual conveniência de choques estabilizadores; custo social do país	Renegociar a dívida para ajustar com crescimento
1990 – 1998 (transformação produtiva com equidade)	Especialização exportadora ineficaz e vulnerabilidade aos movimentos de capitais	Dificuldade para transformação produtiva eficaz e para reduzir a brecha da equidade	Executar políticas para fortalecer a transformação produtiva com equidade

Fonte: Cepal, 2000.

O Quadro 2.1 ilustra, de modo sucinto, o percurso teórico da Cepal, que, ao longo de suas fases, veio a produzir algumas perspectivas para solucionar o problema econômico da AL em relação às economias centrais.

A relação da AL com o mundo industrial desenvolvido foi inicialmente pensada no binômio centro-periferia. Por questões históricas, a industrialização do centro ocorreu primeiro. Desde a Revolução Industrial, a Europa Ocidental, sob a liderança da Inglaterra, caminhou a passos largos na consolidação de seu desenvolvimento industrial, ampliando sua produção e seu mercado consumidor interno e externo.

> *Em um grau comparativo, as economias periféricas obtiveram progresso técnico apenas em seus setores agroexportadores, e observam grande divergência nos outros setores produtivos de sua economia. Nestes conceitos a representação de centro e periferia supõe uma clara conotação dinâmica, permite perceber que o processo de desenvolvimento parte da hipótese de que há uma desigualdade inerente constituída. Assim, durante a evolução de longo prazo do sistema econômico mundial há uma tendência a aumentar as disparidades entre esses extremos [...].* (Bocchi; Gargiulo, 2005, p. 3)

A posição da Cepal, ao analisar essa inserção desigual no mercado mundial das economias latino-americanas apontava um ciclo vicioso que leva à deterioração dos intercâmbios econômicos.

> **Importante!**
>
> As demandas internacionais por produtos primários não são suficientes para alavancar o avanço industrial na AL. Seria necessário implementar um processo de inversão da balança comercial, com a substituição das importações por uma produção interna capaz de ajudar tanto na ampliação do mercado quanto no seu atendimento. Sem essa inversão, que previa o incremento da produção industrial na AL e agregava valor aos seus produtos, seria muito difícil superar a condição de dependência.

Exportar produtos "brutos", como petróleo e minérios diversos, para depois importar produtos industrializados derivados dessas matérias-primas é altamente vantajoso aos mercados centrais da Europa e dos Estados Unidos. Contudo, é ruim para o mercado e para a economia latino-americana.

(2.3) Industrialização e desenvolvimento da América Latina na ótica da Cepal

O tema do desenvolvimento sempre esteve na agenda da Cepal, principalmente entre os anos de 1950 e 1960. O entendimento sobre os fatores que favorecem ou inibem o desenvolvimento passou por variações e concluiu-se que o processo de industrialização, sem dúvida nenhuma, é um fator gerador de desenvolvimento se for acompanhado das políticas necessárias para que seus efeitos sejam positivos, tanto do ponto de vista econômico quanto social.

A busca pelo desenvolvimento na AL tornou-se uma das principais bandeiras da Cepal, para que toda região pudesse superar sua condição de dependência das economias centrais, como já dito anteriormente. Tratava-se de uma perspectiva compartilhada inclusive pelas elites dos países latino-americanos, que viam essa condição de subalternidade como um limitador, inclusive para seus negócios e projetos de investimentos. Segundo Santos (1994, p. 1):

> *Este progresso que a América Latina não conseguia protagonizar será visto, na segunda metade do século XIX, como o resultado da importação do conhecimento científico e das tecnologias e não como o desenvolvimento próprio e autônomo das mesmas. Esta ideologia do progresso refletia o ponto de vista das classes médias que buscavam estar ao passo com os setores médios e as classes dominantes dos países centrais para os quais a América Latina exportava e dos quais ela importava.*

Essa conjuntura descrita por Santos (1994) possibilita compreender por que o processo de industrialização tardia da AL se deu na relação centro-periferia. Como já mencionamos anteriormente, o centro se refere às economias capitalistas mais desenvolvidas, figurando entre essas nações países como Inglaterra e Estados Unidos. A periferia, por sua vez, refere-se aos países latino-americanos em processo tardio de industrialização, como Argentina, Venezuela, Chile, Brasil, entre vários outros.

Ficava claro para as análises cepalinas e para as elites locais que a industrialização seria o caminho para o desenvolvimento. A condição de atraso econômico se construiu na proporção em que os países latino-americanos se especializavam em somente exportar matérias-primas e importar produtos industrializados, para um mercado ainda incipiente.

Assim, para pensar a industrialização da AL foi necessário ter em mente uma categoria analítica que esteve na base do pensamento cepalino: o subdesenvolvimento – uma situação conjuntural que também esteve no debate da perspectiva marxista clássica e no neomarxismo. Neles

> se ressaltam as figuras de Paul Baran e Paul Sweezy. Eles resumem em quatro pontos as ideias centrais que os vários componentes da escola da dependência defendem: i) O subdesenvolvimento está conectado de maneira estreita com a expansão dos países industrializados; ii) O desenvolvimento e o subdesenvolvimento são aspectos diferentes do mesmo processo universal; iii) O subdesenvolvimento não pode ser considerado como a condição primeira para um processo evolucionista; iv) A dependência, não é só um fenômeno externo mas ela se manifesta também sob diferentes formas na estrutura interna (social, ideológica e política). (Oliveira, 2000, p. 25)

Importante!

A relação entre desenvolvimento e subdesenvolvimento constitui uma realidade histórica e estrutural, a qual colocava a AL numa condição desigual ante o resto do mundo capitalista. Não se tratava de escassez de recursos, mas de capacidade produtiva e potencial do mercado interno. O subdesenvolvimento gerava um ciclo vicioso de dependência, retração e pobreza.

Uma alternativa cogitada pela Cepal em suas análises e proposições de políticas era a necessidade de investimentos pesados para fortalecer a indústria local, o crescimento econômico e a geração de emprego e renda para que o mercado interno pudesse ser dinamizado. Com essas medidas, seria possível reverter o processo de dependência das economias centrais e fortalecer o mercado interno, rompendo, assim, o ciclo perverso do subdesenvolvimento e de seus efeitos sociais, políticos e econômicos. Tais medidas só seriam possíveis por meio de políticas de governo e investimentos externos de capital no setor produtivo.

Nos países desenvolvidos, as instituições políticas e de Estado, de modo geral, assim como as organizações coletivas de classe – como sindicatos –, ajudam a evitar que o capitalismo se torne autofágico, menos propenso a provocar suas crises cíclicas, com recessão e desemprego. Existe uma participação efetiva das organizações de classe no controle social e institucional da economia e na proteção do mercado de trabalho. Ao fortalecer a classe média e o mundo do trabalho, os países que adotam a social democracia, como no caso da Alemanha, agem de modo a garantir a sustentabilidade de sua economia.

> **Importante!**
>
> Na perspectiva da Cepal, a dinâmica interna das economias da AL, por serem heterogêneas e ainda dependentes das economias centrais, não conseguem romper com essa condição de dependência a ponto de alavancar um processo de desenvolvimento contínuo.

Essa dificuldade foi percebida pela burguesia industrial latino-americana, que aspirava romper com a dependência,

> *mas não tinha o conhecimento tecnológico nem o peso financeiro para enfrentar os grandes investimentos que se faziam necessários para assegurar sua competitividade numa fase mais avançada do desenvolvimento*

tecnológico. Daí ela ter se apoiado no Estado para cumprir grande parte dessa tarefa, sobretudo naqueles setores onde o capital internacional se recusava a investir. O caso mais típico é o do petróleo da América Latina que era considerado pelos centros estratégicos mundiais mais como uma reserva dos Estados Unidos do que como uma zona a ser explorada. Isto leva o capital internacional a não se interessar pelo investimento petroleiro, exceto no caso da Venezuela, onde este existia à flor da terra, abundante e barato. Era pois natural que, em geral, o capital internacional aparecesse como uma restrição à industrialização da região e um apoio ao setor exportador e à oligarquia rural, mineira e comercial exportadora.
(Santos, 1994, p. 8)

A dificuldade de fortalecer o processo industrial nos países com aumento de produção industrial de produtos com maior valor agregado afeta seus mercados e não gera uma massa de trabalhadores com maior poder de compra. Essa dificuldade estrutural coloca as economias desses países na direção de seguir somente como exportadores de produtos primários (Cepal, 2018).

O argumento cepalino coloca que, além de ações de Estado na direção de fomentar políticas de desenvolvimento, seria necessário uma reorientação dos investimentos do capital externo, de modo a ajudar na capacidade de investimento industrial das empresas nacionais. Trata-se, porém, de algo que não acontecia, pois as empresas estrangeiras, ao transnacionalizar suas atividades e indo se instalar nos países da AL, exigiam uma contrapartida na forma de isenções e investimentos em infraestrutura. Isso, a curto e médio prazos, fragilizava ainda mais a capacidade de investimentos na indústria nacional.

A pouca poupança interna e uma cultura política "frouxa" em termos cívicos e nacionalistas forneciam ainda mais obstáculos para um projeto continental e nacional de independência econômica ante as potências econômicas mundiais. Construir um processo de industrialização constante e progressivo permanecia como desafio, num sistema em que a periferia pudesse romper com a dependência. Tornava-se cada vez mais premente produzir bens com valor agregado, ampliar e consolidar o mercado interno e elevar salários. Essa dinâmica, inclusive, ajudaria a proteger as economias da AL no contexto das crises cíclicas do capitalismo, ao depender menos da exportação de produtos primários em vista do crescimento de seus mercados internos (Cepal, 2018).

Síntese

A emancipação política da AL iniciou-se com os movimentos pela independência no século XIX que, no entanto, foram insuficientes no sentido de superação de seu passado colonial. As ideias de integração dos países do continente, visando a sua emancipação, iniciram-se ainda no referido século, com Simón Bolívar. Entretanto, as iniciativas de integração só se concretizaram após a segunda metade do século XX, com a formação de blocos econômicos. Em 1948, surgiu a Cepal, organização criada para pensar a realidade latino-americana perante as mudanças na economia mundial. Desde então, o pensamento cepalino vem se modificando, incorporando outros elementos analíticos, de modo a responder aos desafios conjunturais das mudanças na dinâmica capitalista, mas sempre mantendo o olhar sobre as especificidades da AL e suas potencialidades. A busca pela superação do subdesenvolvimento tornou-se uma das principais bandeiras da Cepal.

Indicações culturais

Filme

LIBERTADOR. Direção: Alberto Arvelo. Venezuela/Espanha, 2014. 123 min.

Cinebiografia sobre o líder político Simón Bolívar. O filme retrata as lutas que ele travou pela independência em diversos países, como Venezuela, Bolívia, Colômbia, Equador, Panamá e Peru, além de seu projeto de unificação dos países latino-americanos.

Livro

BIELSCHOWSKY, R. (Org.). **Cinquenta anos de pensamento na CEPAL**. Tradução de Vera Ribeiro. Rio de Janeiro: Record, 2000. v. I-II.

Coletânea de textos publicados pela Cepal ao longo das décadas, reunindo escritos de proeminentes teóricos latino-americanos, como Raúl Prebisch, Celso Furtado, Maria da Conceição Tavares e Fernando Henrique Cardoso. Os dois volumes reúnem diferentes fases do pensamento cepalino, dos anos 1950 até finais da década de 1990.

Atividades de autoavaliação

1. Durante as décadas de 1950 e 1960, os estudos desenvolvidos pela Cepal motivaram intensos debates sobre o subdesenvolvimento da América Latina. Sobre esse tema, assinale a alternativa correta:
   a) Os teóricos deste período concordavam com a teoria do desenvolvimento por etapas de Rostow, buscando analisar em que fase se encontravam os países latino-americanos.

b) A Cepal apostava na industrialização protagonizada pelas elites locais, sempre preocupadas com o desenvolvimento econômico de seus países.
c) Seus autores interpretavam o subdesenvolvimento da América Latina como não relacionado à história.
d) A posição periférica da América Latina na divisão internacional do trabalho era analisada pelos autores como uma das principais causas do subdesenvolvimento.
e) As relações internacionais pouco ou nada impactam no desenvolvimento dos países latino-americanos.

2. Sobre a abordagem estruturalista em relação ao subdesenvolvimento, é **incorreto** afirmar:
   a) Essa corrente privilegiava a análise da inserção no mercado internacional das economias latino-americanas.
   b) Questões como inflação e desemprego não foram analisadas pelos autores filiados a essa corrente teórica.
   c) O Estado deveria ser indutor dos processos de industrialização nos países.
   d) Reforma agrária e políticas sociais no sentido de combater as desigualdades seriam essenciais para a superação do subdesenvolvimento.
   e) A dependência e o endividamento interno e externo foram apontados como obstáculos ao crescimento dos países latino-americanos.

3. Em relação ao papel do Estado, de acordo com as concepções cepalinas, assinale com V (verdadeira) ou F (falsa) as sentenças a seguir.

( ) Caberia uma nova orientação econômica no sentido de equilibrar a balança comercial.

( ) Investir em políticas sociais, no sentido de reduzir as desigualdades, mas sem interferir na economia.

( ) O progresso tecnológico e industrial não necessita de investimentos estatais, mas sim da iniciativa privada.

( ) Fomentar a exportação de produtos primários garante uma posição de soberania no mercado externo.

( ) Investir no desenvolvimento industrial, na geração de empregos e no fortalecimento do mercado interno como políticas essenciais para a soberania dos países.

Agora, assinale a alternativa que apresenta a sequência correta:

a) V, V, F, F, V.
b) F, F, V, F, V.
c) V, F, F, F, V.
d) F, V, F, V, F.
e) F, F, F, V, V.

4. Para proteger as economias dos países que compõem a periferia do capitalismo de suas crises cíclicas, seria necessário:
a) investir na exportação de matérias-primas e demais produtos de baixo valor agregado, pois sempre há mercado para eles.
b) fortalecer as monoculturas baseadas no latifúndio e na indústria a elas relacionadas.

c) incentivar a instalação de empresas estrangeiras por meio de subsídios fiscais e demais investimentos para que prosperem.
d) produzir bens com valor agregado, ampliar o mercado interno, elevar salários e consolidar o mercado interno.
e) não investir na substituição de importações.

5. Aponte quais as principais dificuldades da burguesia latino-americana em romper com a dependência externa:
a) Não ter conhecimento tecnológico e capacidade financeira necessária para investir em setores que o capital estrangeiro não tinha interesse, recorrendo ao Estado para tal.
b) A recusa em contar com a participação do Estado na direção econômica.
c) O ímpeto de buscar a soberania nacional a qualquer custo.
d) O alto custo da mão de obra latino-americana.
e) O grande poder de organização dos sindicatos e demais organizações dos trabalhadores.

Atividades de aprendizagem

Questões para reflexão

1. Especifique o contexto histórico do surgimento da Cepal.
2. Analise quais foram os objetivos das iniciativas de integração da América Latina desde Simón Bolívar até a formação dos blocos regionais e sub-regionais no século XX.
3. Descreva em quais aspectos a concepção cepalina de desenvolvimento se afasta da teoria de Rostow.

Atividade aplicada: prática

1. Visite o *site* da Cepal e identifique os atuais temas em debate sobre a América Latina.

   CEPAL – Comisión Económica para América Latina y el Caribe. Disponível em: <https://www.cepal.org/es>. Acesso em: 9 jul. 2018.

CAPÍTULO 3
A sociologia do desenvolvimento
e seu campo de estudo

A noção de *desenvolvimento* é alvo de diferentes concepções e debates, que inclusive foram objeto de políticas de Estado em países da AL. De uma ideia evolucionista, passou a ser defendida por intelectuais que viam o desenvolvimento industrial como forma de combater as desigualdades. Assim, neste capítulo, analisaremos os diferentes significados atribuídos ao termo, além de entender as teorias desenvolvimentistas, com destaque para as obras de Raúl Prebisch e Celso Furtado.

O capítulo divide-se nos seguintes tópicos: *sociologia do desenvolvimento, teorias do desenvolvimento* e *desenvolvimento e sociedade*, nos quais traremos quadros explicativos do desenvolvimento, assim como processos e dinâmicas do desenvolvimento na esfera social e política.

(3.1)
Primeiras palavras

A sociologia do desenvolvimento surgiu após a Segunda Guerra. No contexto histórico de constituição dessa área do conhecimento sociológico estão presentes fenômenos sociais, como a industrialização e as novas potências econômicas, o capitalismo monopolista e o surgimento de novos Estados envoltos em conflitos. Também podem ser incluídos temas como a urbanização, os novos processos produtivos e as desigualdades sociais, o consumo de massa e a globalização.

> **Preste atenção!**
>
> O evolucionismo é uma concepção que tem suas origens no século XIX, após a publicação de *A origem das espécies*, do biólogo Charles Darwin. A teoria da evolução, hoje amplamente aceita na comunidade científica, foi aplicada às ciências humanas para se pensar o desenvolvimento das sociedades, julgando que a humanidade passa por etapas até atingir o patamar de progresso das "sociedades civilizadas" (europeias). Isso influenciou diversas teorias e visões de mundo. Os avanços no campo de estudos em áreas como a antropologia e a sociologia causaram ruptura com esse tipo de pensamento, sendo considerado obsoleto nos dias atuais.

A necessidade de compreender as transformações provenientes da expansão capitalista e da industrialização, no sentido de sua afirmação ou negação, levou à formulação de diferentes teorias sobre o desenvolvimento. Dessa forma, esse campo de análise procura compreender os processos que alteram estruturas sociais (Frantz, 2010).

Há diversas interpretações sobre o que seria considerado *desenvolvimento*, mas em suas primeiras abordagens, o termo tinha como parâmetro o modelo das nações industriais. Assim, o marco da teoria do desenvolvimento foi o da comparação entre sociedades industrializadas e não industrializadas, sendo as sociedades industriais consideradas referência para as subdesenvolvidas ou em desenvolvimento. Em uma visão eurocêntrica:

> *A Sociologia do Desenvolvimento se afirmou, especialmente, ao procurar analisar e interpretar os fatores condicionantes das situações de desenvolvimento e subdesenvolvimento das sociedades de diferentes países. Passou-se a questionar a relação entre sociedades consideradas desenvolvidas e*

classificadas como subdesenvolvidas, perguntando pela existência ou não de condicionantes ideológicos, econômicos e técnicos entre desenvolvimento e subdesenvolvimento. Procurou-se identificar e analisar as interdependências, os conflitos, as adaptações e reações que decorrem do encontro das diferentes sociedades, de seus diferentes interesses e condições materiais e culturais. (Frantz, 2010, p. 16)

Para Frantz (2010), percebe-se que a problemática estava no discurso de posse do presidente dos Estados Unidos, Harry Truman, em 1949, ao classificar o Hemisfério Sul de "subdesenvolvido", proclamando a intervenção para que este seguisse o modelo do Norte. O que, na verdade, seria a ocidentalização do mundo. Alcançar os padrões tecnológicos e socioeconômicos do Norte seria uma meta a ser perseguida pelos países subdesenvolvidos, adotando políticas de Estado nesse sentido.

Outros fatores também contribuíram para a discussão sobre o desenvolvimento, como os movimentos de descolonização e independência que estimularam projetos nacionais e as diferenças regionais demonstradas nos níveis de concentração de renda e de riquezas nos países industrializados. Além disso, a crise de 1929 gerou a discussão sobre o papel do Estado no crescimento econômico e no enfrentamento das crises por meio de investimentos públicos e adoção de políticas anticíclicas.

Dessa forma, de acordo com Hartfiel (1976, citado por Frantz, 2010), em função das carências materiais das sociedades em desenvolvimento, o enfoque dos teóricos voltava-se à dimensão econômica. Especialmente nos países latino-americanos a temática ganharia fortes contornos nacionalistas, criticando a herança do colonialismo e sua desfavorável inserção no mercado internacional e buscando construir a soberania da região.

> **Importante!**
>
> Segundo Frantz (2010), atualmente, entre os estudiosos há a convicção de que é necessária uma abordagem multidimensional na sociologia do desenvolvimento, incluindo-se fatores não econômicos, como sistemas culturais, estrutura política, estrutura social, tecnologia, trabalho e ideologia. Estuda-se a relação entre fatores de ordem econômica, política e cultural no processo de desenvolvimento e nas relações de dependência. Desse modo, pensa-se em desenvolvimento na sua integralidade, considerando, além da economia, fatores como justiça social, segurança e meio ambiente.

(3.2) Teorias do desenvolvimento

A questão do desenvolvimento está presente até mesmo em autores clássicos, como Karl Marx (Marx; Engels, 1998). Analisando a história europeia, vemos que esse autor concebeu o desenvolvimento da sociedade como resultado de suas contradições inerentes (classes em conflito), quando as forças produtivas avançam ao ponto de transformar o modo de produção então vigente. Conforme já foi assinalado, existem diferentes teorias sobre o desenvolvimento, que refletem a diversidade de concepções sobre o tema.

Nas abordagens desenvolvimentistas e dualistas, o desenvolvimento seria um estágio a ser alcançado por meio da mudança social. Na base desse pensamento está o **evolucionismo**, ou seja, a ideia de que as sociedades seguem um caminho atravessando diferentes estágios até chegar à fase industrial. Embora a tese dualista compartilhe da meta do desenvolvimento pela industrialização, ela admite a coexistência de duas estruturas sociais opostas, uma desenvolvida e outra atrasada, cuja economia ainda seria pré-capitalista ou mista.

É notável que a defesa da industrialização por um bom tempo dominou a discussão sobre desenvolvimento. Em seu cerne, essas teorias argumentam que existem países atrasados, que ainda precisam percorrer etapas de industrialização que outros países já percorreram. Rostow (1961) adota esta linha de pensamento, defendendo a necessidade de uma política de integração entre as regiões atrasadas e as desenvolvidas por meio do mercado.

Esses debates emergiram com força principalmente após a Segunda Guerra Mundial. Sua preocupação era a inserção das economias periféricas no cenário econômico mundial, modernizando suas estruturas produtivas. A superação da pobreza nessas regiões passou a ser discutida pelo viés do crescimento econômico. Entretanto, de acordo com Bernstein (1996), ainda que o crescimento econômico seja uma condição necessária para o desenvolvimento, não é suficiente para garantir tanto a satisfação das necessidades mais básicas, como moradia, alimentação e saúde, quanto as mais elevadas para o espírito humano, como acesso à educação e aos direitos civis e políticos.

Os debates também levavam em consideração a herança do **colonialismo** nas regiões da América Latina, Ásia e África e seus aspectos históricos, culturais e políticos. O colonialismo construiu relações de dependência econômica, política e culturalmente entre as colônias e nações imperialistas. No entanto, o fim do colonialismo após a Segunda Guerra não significou a independência, principalmente em termos econômicos.

Teóricos de esquerda passaram a usar o conceito de **imperialismo** em suas análises sobre as relações entre os países capitalistas industrializados e as colônias ou ex-colônias. Vladimir Lênin e Rosa Luxemburgo, já em fins do século XIX e início do XX, conceberam essa relação como forma de maximização dos lucros das potências capitalistas que, ao mesmo tempo em que buscavam matérias-primas nas colônias, também exportavam seus produtos para elas, fazendo escoar sua produção – estratégia que não só evitava as crises de superprodução, como também mantinha o próprio capitalismo em funcionamento (Frantz, 2010).

Os movimentos anticolonialistas, as duas Grandes Guerras, a crise de 1929 e a Guerra Fria causaram rupturas com as economias colonizadas. A partir da década de 1930, essas economias adotaram políticas de substituição de importações – produzir suas próprias mercadorias –, industrializando-se. Porém, de acordo com Corsi (2008), assim se estruturou uma nova forma de dependência, pois a modernização dos países periféricos passou a depender de finanças e tecnologias estrangeiras – das potências desenvolvidas, notadamente.

Os esforços para a modernização se caracterizaram pela união de interesses entre as elites nacionais e os investidores estrangeiros, produzindo o modelo periférico de "desenvolvimento associado". Os efeitos dessa associação se refletiram na política, na cultura e na educação, com forte pressão para o afastamento de governos nacionalistas. Nesse contexto, surgiram diferentes teorias de modernização, cujos maiores representantes são Walt W. Rostow e Raúl Prebisch.

A teoria de Rostow (1961) trata dos estágios que levariam ao crescimento econômico, numa perspectiva evolucionista, conforme já descrito. Enquanto isso, Prebisch (2000) teorizou sobre a AL numa estratégia de desenvolvimento voltada "para dentro", isto é, procurando otimizar os setores econômicos internos com o objetivo de sustentar uma sociedade dinâmica e progressista em termos sociais. O processo de modernização deveria ser autônomo, com condução nacional.

Com os esforços pela modernização revelando-se insuficientes para superar os impasses dessas economias, na década de 1960 surgiu, efetivamente na AL, uma alternativa política e teórica ao desenvolvimento. Nesse contexto, emergiu a **teoria da dependência**, procurando superar o modelo de desenvolvimento imposto na região, que se deu pela via da industrialização dependente dos países centrais. Com a globalização, os conceitos trabalhados na teoria da dependência têm voltado à tona nos debates. Isso ocorre porque, mais do que nos anos 1960, as economias nacionais têm sido integradas à dinâmica do capitalismo mundial e se tornado dependentes dela. A globalização exige uma nova formatação econômica, que evolve múltiplas dimensões, gerando uma reorganização das atividades econômicas e novas hierarquias de seus centros decisórios.

A teoria da dependência será abordada com maiores detalhes no Capítulo 5.

(3.3)
Desenvolvimento e sociedade

Conforme foi descrito, a discussão sobre o desenvolvimento é antiga e, em seus primórdios, visava à ocidentalização do mundo, tendo como objetivo a equiparação às economias industrializadas. Hoje, esses debates encontram-se em rediscussão. Em meio à crise financeira mundial de 2008, discutiu-se o papel do Estado, do mercado e das organizações sociais no enfrentamento da crise e na garantia da manutenção do desenvolvimento.

A temática segue com diferentes enfoques e abordagens, com o debate se tornando mais crítico e profundo do que foi no passado. As teorias se refazem e se atualizam conforme o aprendizado proporcionado pelas dificuldades, pelas contradições, pelos problemas e pelos desafios inerentes ao processo social do desenvolvimento. As discordâncias e os desafios refletem as diferenças de concepções e práticas nos campos da economia, ciência, política, educação e cultura.

O evolucionismo presente nas teses desenvolvimentistas produzidas no pós-Segunda Guerra parte de uma concepção etnocêntrica de mundo, de acordo com o conceito mencionado no Capítulo 1. Nessa concepção, entende-se que todos os povos devem se igualar às potências econômicas, ignorando sua diversidade cultural e autodeterminação. Trata-se de impor um modelo de sociedade tido como superior, que passou a ser questionado, sobretudo, com o avanço no campo dos estudos de áreas como a antropologia e com a emergência de movimentos étnicos e identitários a partir das décadas de 1960 e 1970.

A percepção das diferenças não se deve apenas ao reconhecimento do "outro", com o avanço das lutas sociais de setores marginalizados e até então excluídos dos debates, mas se trata também da própria crise da modernidade, ou seja, das grandes verdades, dos grandes modelos explicativos, políticos e econômicos – tanto que a teoria dos estágios de Rostow (1961) já não é mais aplicada em políticas de desenvolvimento.

Segundo Frantz (2010), a questão sobre o que seria o "rumo ideal", ou seja, o desenvolvimento das sociedades, emergiu a partir do século XVIII, com as revoluções e o ser humano se descobrindo sujeito de sua própria história. Entre esses fatores, estão:

- **Revolução Francesa**: Princípio da livre escolha de governantes, afirmando a liberdade e os direitos básicos do ser humano.
- **Revolução Industrial**: Transformação do modo de produzir, das relações de mercado e das classes sociais.

- **Revolução Científica:** Descobertas que não só permitiram novos níveis de produtividade e de condições de vida das populações, como também colocaram a razão em lugar das crenças para explicar o mundo.
- **Revolução Socialista:** Projeto de emancipação da condição de explorado, afirmando igualdade (em todos os níveis) entre os seres humanos.

> **Importante!**
>
> Pelas revoluções, o desenvolvimento tornou-se um processo contendo ações, convicções e interesses, cuja direção é dada pelo movimento das forças sociais em interação e em confronto, no qual há disputas pelo poder, por acúmulo de capital, por acesso a bens materiais, pela melhoria da qualidade de vida etc.

O tema ainda permanece atual, mas permeado por diferentes visões, necessidades e interesses. De acordo com Frantz (2010, p. 16):

> *O desenvolvimento é um processo que se dá nesse quadro como produto das relações sociais do campo da cultura, da política, da economia etc. Desenvolver-se não significa seguir um rumo previamente inscrito na vida social, mas exige a construção das próprias condições dessa vida social. Por isso, não se pode desconhecer as especificidades de cada cenário da realidade social. Esses cenários são compostos pela economia, pela política e pela cultura de cada povo. A partir deles nascem os conceitos e as teorias sobre desenvolvimento.*

Portanto, cabe afirmar que o desenvolvimento está relacionado com os valores de uma sociedade. Além de esse aspecto ser levado em consideração, as discussões atuais também colocam em xeque a defesa irrestrita da industrialização, pois há a preocupação com os impactos socioambientais. Nesse panorama, um dos debates preponderantes na esfera pública aponta para a necessidade do desenvolvimento sustentável. Mais do que o respeito à diversidade cultural dos povos e à sua autonomia, o modelo (ou os modelos) que se discute (ou se discutem) na atualidade deve (ou devem) perseguir o caminho do desenvolvimento sustentável, ou seja, o do bem-estar econômico e social conjugado à preservação dos recursos naturais para as próximas gerações.

(3.4)
Quadros explicativos do desenvolvimento

Em função da crise de 1929, entre as décadas de 1930 e 1940, a AL implantava políticas de substituição de importações, industrializando-se. Como vimos no Capítulo 2, a Cepal teve sua origem nesse contexto (mais precisamente, em 1948), sendo uma agência especializada no estudo das tendências econômicas latino-americanas, com o objetivo de fundamentar análises que criassem condições para o desenvolvimento da região de forma autônoma.

Com a Cepal, surgiu um conjunto de teorias que se propuseram a analisar a economia da região e suas relações com o resto do mundo. A percepção do subdesenvolvimento dos países latino-americanos, pouco industrializados e de economia periférica, formou o núcleo básico das teorias de 1949 até o final dos anos 1950. Segundo Colistete (2001), é possível identificar sua abordagem considerando duas proposições:

1. As economias latino-americanas seriam pouco diversificadas e pouco integradas com setor primário-exportador, este incapaz

de difundir o progresso tecnológico para o resto da economia, de empregar o conjunto da mão de obra e de estimular o crescimento real dos salários. Esses efeitos se reproduziriam na ausência de uma indústria dinâmica.

2. O avanço tecnológico e a produtividade seriam maiores nas economias industriais, isto é, nos países centrais, do que nas economias periféricas, com produção voltada para a exploração de produtos primários. Essa diferença se traduziria em desvantagem para os países periféricos, cujos produtos exportados são mais baratos do que os industrializados importados dos países centrais.

Nesse período, dois teóricos da Cepal produziram obras de destaque: o argentino Raúl Prebisch e o brasileiro Celso Furtado. Ambos foram influenciados pelos debates internacionais a respeito do desenvolvimento e focaram suas análises nas especificidades da AL, contribuindo na defesa dos interesses de sua industrialização. Celso Furtado também centrou suas investigações na realidade brasileira.

3.4.1 Raúl Prebisch

O economista Raúl Prebisch (1901-1983), enquanto integrou a Cepal como secretário executivo, entre 1950 e 1963, fundamentou as bases da teoria cepalina. O autor fundou a teoria estruturalista do subdesenvolvimento latino-americano, cujas principais teses foram essenciais na construção de teorias que até hoje compõem o pensamento da Cepal. Para Prebisch, desenvolvimento e subdesenvolvimento são interligados, resultantes de um processo histórico e da divisão internacional do trabalho.

O economista argentino prezava pelo enfoque estruturalista da economia. Ele denunciava o caráter subalterno da AL, propondo soluções para a superação dos problemas da região. Influenciado por John M. Keynes, economista crítico da crença na autorregulação do mercado e defensor da intervenção estatal, Prebisch analisou a dinâmica econômica, afirmando que esta funciona em ciclos de expansão e retração, em nível internacional. Assim, lançava as bases para sua teoria do desenvolvimento econômico, criticando a crença no livre funcionamento da economia (sem a necessidade de políticas compensatórias). O desemprego era um fenômeno a ser combatido, e Keynes teria fornecido uma solução compatível com a iniciativa privada e a liberdade individual, ao defender que o Estado deveria atuar de modo a enfrentar as crises, mas preservando o sistema capitalista.

Prebisch criticava a posição dos Estados Unidos na economia internacional, sustentando que os países periféricos necessitam da adoção de políticas diferenciadas:

> Os Estados Unidos, a meu ver, desempenham ativamente o papel de centro cíclico principal, não só no continente, mas em todo o mundo; e os países latino-americanos estão na periferia do sistema econômico [...]. Por que chamo os Estados Unidos de centro cíclico? Porque deste país, em função da sua magnitude e de suas características, partem os impulsos de expansão e contração na vida econômica mundial e especialmente na periferia latino-americana, cujos países estão sujeitos às influências destes impulsos, como haviam estado anteriormente, quando a Grã-Bretanha tinha o papel de centro cíclico principal [...]. Sustento, por isso, que é impossível aplicar uma política uniforme para abordar os problemas emergentes do ciclo econômico. Não é possível usar na periferia as mesmas armas de intervenção e regulamentação monetária que se usa no centro cíclico. (Prebisch, citado por Rodríguez, 1981, p. 34-35)

Segundo Couto (2007), pela análise do sistema de relações econômicas internacionais, o autor irá desenvolver sua concepção sobre o sistema **centro-periferia**, seu conceito mais difundido. Entende-se por *centro* os países desenvolvidos industrializados, produtores de bens manufaturados, e por *periferia* os países subdesenvolvidos ou em desenvolvimento, produtores de matérias-primas.

A AL faria parte da periferia da economia mundial, sendo o principal projeto de estudo de Prebisch o desenvolvimento econômico e o comércio exterior. Embora reconhecendo as diferenças entre os países latino-americanos, para o autor, os países pertencentes à região compartilham certos problemas.

Para Prebisch (2000), a relação *centro-periferia* é resultado histórico do modo como se desenvolveu o progresso técnico na economia mundial, surgindo assim estruturas produtivas diversas e funções diferentes no sistema econômico mundial. Partindo dessa constatação, o autor proclama a necessidade de industrialização da AL, questionando a posição desta na divisão internacional do trabalho. Prebisch (2000) rompe com a tese de que o progresso técnico dos centros se distribuiria para a periferia pela baixa dos produtos manufaturados, pois os preços dos produtos primários produzidos na periferia viriam se deteriorando desde o final do século XIX.

Essa seria a causa do desequilíbrio externo, pois os bens manufaturados tendiam a valorizar-se, com o centro, então, protegendo sua economia nos ciclos descendentes, principalmente em função dos seus trabalhadores serem sindicalizados, mantendo o crescimento dos seus rendimentos. Além disso, os países do centro (principalmente os Estados Unidos) exportavam a preços elevados para os países periféricos, mais do que importavam (e a preços baixos). Por isso, o autor defende a adoção da política de substituição de importações na AL, onde o essencial deveria ser produzido internamente para o desenvolvimento da região, bem como a medida aumentaria a produtividade, gerando mais empregos.

Prebisch acreditava que o comércio exterior deveria ser equilibrado, com os países periféricos em melhores condições de inserção. O autor também foi defensor de um sistema de cooperação internacional e da formação de um mercado comum latino-americano, para assegurar sua industrialização e atenuar a vulnerabilidade externa.

3.4.2 Celso Furtado

Celso Furtado (1920-2004) foi um economista de grande destaque que trabalhou em conjunto com Raúl Prebisch na Cepal, tendo sido profundamente influenciado por este. Furtado, ao longo de sua vida, fez análises que não apenas explicavam o subdesenvolvimento, como também visavam superá-lo, especialmente no Brasil. Sua teoria e atuação em órgãos estatais mostraram sua preocupação com o desenvolvimento socioeconômico do Brasil, sendo que o papel do Estado era sempre enfatizado. De Prebisch, o autor compartilhou a noção de centro-periferia, a defesa da industrialização e a importância da análise histórica na compreensão de como as economias se desenvolvem. É considerado o principal representante do nacional-desenvolvimentismo, modelo econômico que caracterizou o Brasil durante a década de 1950, marcado pela industrialização.

Para o autor, o capitalismo se reproduz em diferentes níveis de crescimento, sendo o subdesenvolvimento uma configuração específica da periferia desse sistema. Desse modo, o subdesenvolvimento não seria uma fase comum a todos os países, pois eles não atravessam etapas até se desenvolverem plenamente; ele é um dos desdobramentos da Primeira Revolução Industrial no século XVIII, decorrente da expansão espacial das economias industrializadas em regiões com sistemas econômicos seculares de natureza pré-capitalista. O contato desses sistemas com as economias capitalistas avançadas teria originado nessas regiões "estruturas híbridas, uma parte das quais tendia a comportar-se como um sistema capitalista, e outra, a manter-se dentro da estrutura preexistente. Este tipo de economia dualista constitui, especificamente, o fenômeno do subdesenvolvimento contemporâneo" (Furtado, 1961, p. 180).

Assim, as economias subdesenvolvidas se caracterizam por essa deformação estrutural, num dualismo entre o "arcaico" e o "moderno", tendo como consequência desequilíbrios sociais, políticos e econômicos, além da dependência externa. Embora essas economias fossem capazes de se industrializar (como o Brasil, por exemplo), elas estavam sujeitas a seguirem trajetórias distintas das dos países desenvolvidos – o processo não seria automático. Inclusive, o autor salienta que a industrialização nesses locais, quando não bem direcionada e planejada, gera disparidades microrregionais – como as diferenças entre os centros urbanos e o interior. O aumento de produtividade e a assimilação de novas técnicas elevam o nível de vida médio da população, mas por si só não conduzem à homogeneização social.

Na teoria de Furtado (2000, p. 22), o desenvolvimento estaria atrelado ao

incremento da eficácia do sistema social de produção, a da satisfação de necessidades elementares da população e a da consecução de objetivos a que almejam grupos dominantes de uma sociedade e que competem na utilização de recursos escassos. A terceira dimensão é, certamente, a mais ambígua, pois aquilo a que aspira um grupo social pode parecer para outros simples desperdício de recursos. Daí que essa terceira dimensão somente chegue a ser percebida como tal se incluída num discurso ideológico.

Percebe-se, assim, que é, antes de tudo, um projeto político relacionado não apenas ao incremento tecnológico e à economia, mas a uma visão de mundo que atente para a dimensão social. Por isso, o Estado é o responsável pela promoção e condução do desenvolvimento, já que é capaz de diagnosticar e prover as necessidades sociais.

Entretanto, Furtado reconhece as deficiências do aparelho estatal, especialmente do brasileiro, instável e com tendências ao autoritarismo. Cabe, portanto, a reformulação institucional do Estado. Já à sociedade como um todo, cabe exercer a cidadania vigilante. O mercado é ineficiente no processo de industrialização porque visa somente aos interesses do capital, não sendo capaz de promover as mudanças estruturais essenciais ao desenvolvimento.

Para o autor, a industrialização é o caminho do desenvolvimento e o Estado seria o seu indutor, captando e alocando recursos por meio de um planejamento de base macroeconômica e estabelecendo um programa sistemático, mas não engessado. No caso do Brasil, o subdesenvolvimento seria superado pela adoção de reformas fiscal, administrativa e agrária. Reformas de cunho social transformam as estruturas arcaicas dos países periféricos, possibilitando seu desenvolvimento.

(3.5) Processos e dinâmicas do desenvolvimento na esfera social e política

A questão sobre a manutenção da dependência latino-americana tem raízes históricas e não pode ser analisada pela abordagem estritamente econômica. As colonizações espanhola e portuguesa produziram um tipo de domínio que, além de econômico, adquiriu contornos políticos e culturais. A exploração, juntamente com a formação de uma elite local branca privilegiada e aliada aos interesses coloniais, teve como consequência a imposição de uma cultura eurocêntrica e racista, cujos reflexos podemos perceber no tipo de atuação dos Estados latino-americanos e na forma com que adotaram as políticas de modernização.

Após os movimentos de independência, a pequena minoria branca no controle dos Estados não demonstrou nenhum interesse comum com os índios, negros e mestiços. Pelo contrário, tinha interesses antagônicos, dado que seus privilégios foram sustentados com o domínio e servidão desses grupos. Por esse motivo, não havia nenhum interesse nacional comum, ou seja, a possibilidade de uma aliança em prol de um projeto de soberania nacional. Do ponto de vista dos dominadores, seus próprios interesses sempre estiveram mais próximos aos de seus pares da Europa e Estados Unidos, aliando-se a eles e mantendo, então, a condição de dependência.

As estruturas coloniais aqui foram mantidas mesmo com a independência e o advento do capitalismo, pois

> *essa mesma colonialidade do poder impedia-os, no entanto, de desenvolver realmente seus interesses sociais na mesma direção que os de seus pares europeus, isto é, transformar capital comercial (benefício igualmente produzido na escravidão, na servidão, ou na reciprocidade) em capital industrial, já que isso implicava libertar índios servos e escravos negros e transformá-los em trabalhadores assalariados. Por óbvias razões, os dominadores coloniais dos novos Estados independentes, em especial na América do Sul depois da crise de fins do século XVIII, não podiam ser nada além de sócios menores da burguesia europeia. Quando muito mais tarde foi necessário libertar os escravos, não foi para assalariá-los, mas para substituí-los por trabalhadores imigrantes de outros países, europeus e asiáticos. A eliminação da servidão dos índios é recente. Não havia nenhum interesse social comum, nenhum mercado próprio a defender,*

o que teria incluído o assalariado, já que nenhum mercado local era de interesse dos dominadores. (Quijano, 2005, p. 135)

Desse modo, o processo de descolonização da AL não ocorreu em direção ao desenvolvimento de Estados-nação modernos, mas foi uma rearticulação do poder sobre novas bases institucionais. A construção das nações foi trabalhada contra a maioria da população e assentada em práticas racistas. Ocorre que o poder se exerce contra a democracia, a nação e a própria noção de Estado moderno (Quijano, 2005).

A crise de 1930, na verdade, forçou a adoção da prática da substituição de importações, que se traduziu na produção de bens antes importados para serem consumidos por uma minoria. O projeto de nacionalização da produção que se levou a cabo não teve como objetivo o nacional-desenvolvimentismo, garantindo a ruptura das relações assimétricas com o capital estrangeiro. Em seu lugar, adotou-se um modelo de industrialização bastante limitado e dependente, como já foi assinalado na seção anterior (Corsi, 2008).

> **Importante!**
>
> A subalternidade das elites locais é um fenômeno que tem suas origens na colonização, primeiro em virtude dos privilégios (terras, títulos, exploração de riquezas) concedidos pelas Coroas espanhola e portuguesa e, depois, pela "ajuda" dada pelos ingleses. A partir dos séculos XVIII e XIX, a Inglaterra, então principal potência mundial, passou a colaborar militar e financeiramente com os movimentos de independência das colônias, interessada em romper com o monopólio comercial imposto pela metrópole.

Para Galeano (1980), assim começou a aliança entre a Inglaterra e as elites latino-americanas, que, com o fim do monopólio comercial, passam a negociar diretamente com os ingleses, importando grande parte de seus produtos industrializados enquanto forneciam matérias-primas. A "moeda de troca" inglesa resultou em relações econômicas assimétricas com os países então independentes e na destruição de qualquer tentativa de resistência, como o caso da Guerra do Paraguai, que inclusive contou com as colaborações diretas de Brasil, Uruguai e Argentina. Esses países foram à bancarrota, ficando ainda mais dependentes da Inglaterra, inclusive de seus serviços de infraestrutura (ferrovias, esgoto, eletricidade etc.).

Os Estados Unidos já disputavam a hegemonia da região com o surgimento da Doutrina Monroe em 1823, com o lema "América para os americanos", mas só haveriam de conquistá-la a partir do século XX. O país já controlava Havaí, Porto Rico, Cuba e o Panamá, e passava a interferir economicamente no México, na Venezuela e na Bolívia. Após a Primeira Guerra, houve um recuo dos interesses europeus na América Latina, com os Estados Unidos dominando a região econômica e culturalmente (Galeano, 1980).

O crescimento industrial latino-americano teve forte presença de capital estadunidense, que também passou, segundo Anderson (2015), após a Revolução Cubana de 1959, a estimular a derrubada de governos nacionalistas e atuar na repressão de movimentos revolucionários de inspiração socialista. As empresas nacionais que não tinham vínculo com o capital externo acabaram falindo ou sendo fundidas a empresas estrangeiras, que desfrutavam de maiores benefícios do Estado. Especialmente no Brasil, essa relação ficou bastante evidente (Corsi, 2008).

Essa interferência veio acompanhada da instalação, na região, de bancos que exercem forte influência sobre os mercados internos, o que proporcionou, então, aos Estados Unidos exercer o comando em setores estratégicos e decisões políticas na AL. A criação do Fundo Monetário Internacional (FMI) ampliou a interferência externa, pois os países com alto endividamento passaram a ter suas decisões de onde e quanto investir determinadas por essa instituição.

Síntese

A sociologia do desenvolvimento tem como objeto analisar o "rumo" das sociedades em seus âmbitos econômico, social, político e cultural, incorporando diferentes visões sobre o tema. O debate sobre desenvolvimento, principalmente após a Segunda Guerra Mundial, partiu de uma concepção de que as demais sociedades "atrasadas" deveriam atingir os padrões ocidentais dos Estados Unidos e de países europeus em termos de industrialização e consumo. Na AL, as teorias desenvolvimentistas gestadas na Cepal tiveram fortes contornos nacionalistas, visando conquistar a soberania da região e combater seus problemas históricos, como sua inserção na divisão internacional do trabalho e as desigualdades sociais. Os maiores destaques dessa corrente foram os economistas Raúl Prebisch e Celso Furtado, que também defendiam que o desenvolvimento deveria ser coordenado pelo Estado. Atualmente, a discussão sobre o desenvolvimento tem incorporado novas vozes e a agenda ambientalista.

Indicações culturais

Documentário
O LONGO amanhecer. Direção: José Mariani. Brasil, 2007. 73 min.

Cinebiografia de Celso Furtado, com depoimentos do próprio e de pessoas próximas. Retrata a vida do economista até sua morte, em uma narrativa que se mistura à própria história econômica do Brasil.

Livro

NIEDERLE, P. R.; RADOMSKY, G. F. W. (Org.). **Introdução às teorias do desenvolvimento.** Porto Alegre: Ed. da UFRGS, 2016. (Série Ensino, Aprendizagem e Tecnologias).

Coletânea de artigos sobre as diferentes abordagens das teorias do desenvolvimento e sua evolução ao longo do tempo.

Atividades de autoavaliação

1. Em relação à sociologia do desenvolvimento, assinale com V (verdadeira) e F (falsa) as sentenças a seguir.

   ( ) Existem diferentes abordagens sobre o que se considera "desenvolvimento".

   ( ) Atualmente, preocupa-se em oferecer subsídios para que as sociedades arcaicas atinjam o patamar de desenvolvimento das avançadas.

( ) Surgiu da necessidade de compreender a expansão do capitalismo e os procesos de industrialização.

( ) Os teóricos cepalinos buscaram analisar as condições do desenvolvimento industrial nos países latino-americanos sem levar em consideração o histórico da região.

Agora, assinale a alternativa que apresenta a sequência correta:

a) F, V, F, V.
b) V, F, V, F.
c) F, F, V, V.
d) V, V, F, F.
e) F, F, V, F.

2. Sobre as diferentes abordagens teóricas do desenvolvimento, assinale a alternativa **incorreta**:

a) Nos primórdios dessas abordagens, procurou-se compreender o desenvolvimento das sociedades em suas contradições, como fica claro na obra de Karl Marx.
b) A abordagem desenvolvimentista argumenta que as sociedades atravessam por estágios até chegarem ao industrial.
c) A corrente dualista compreende que coexistem sociedades com estruturas desenvolvidas e outras atrasadas.
d) O imperialismo não foi um fator determinante para que as colônias e ex-colônias permanecessem subdesenvolvidas.
e) As teorias do desenvolvimento produzidas na América Latina tinham forte caráter nacionalista.

3. Assinale a alternativa que indica os acontecimentos que tiveram influência mais direta sobre os rumos tomados

pela economia mundial, sendo determinantes para o desenvolvimento no Ocidente:
a) O Absolutismo e a Reforma Protestante.
b) As Grandes Navegações.
c) A Revolução Francesa e a Independência dos Estados Unidos.
d) Os movimentos de libertação colonial.
e) A Revolução Científica e a Revolução Industrial.

4. Sobre desenvolvimento e subdesenvolvimento, Raúl Prebisch afirma:
   a) O desenvolvimento é resultante do patamar científico e tecnológico alcançado pelas sociedades mais avançadas.
   b) O subdesenvolvimento é produto da manutenção de culturas arcaicas não ocidentais.
   c) Ambos são resultado do processo histórico em que se desenvolveu a economia mundial.
   d) Os países subdesenvolvidos geralmente exportam produtos industrializados e importam matérias-primas, cujos valores são mais altos no mercado internacional.
   e) Os países subdesenvolvidos tendem a proteger suas economias, o que resulta no atraso em relação aos desenvolvidos.

5. Sobre o pensamento de Celso Furtado, assinale a alternativa correta:
   a) O subdesenvolvimento é resultado da expansão do capitalismo em regiões com sistemas econômicos diversos, mas pode ser superado com um amplo projeto levado a cabo pelo Estado.
   b) O autor foi influenciado pelos escritos de Raúl Prebisch, especialmente a noção de sistema centro-periferia, mas

elaborou sua tese com base na realidade latino-americana de sua época, sem historicizar a questão.

c) O Brasil deveria se desenvolver com base em sua economia predominantemente agrária, sem a necessidade de industrialização.

d) O dualismo dos países latino-americanos, apesar de divididos entre o arcaico e o moderno, não apresenta contradições internas.

e) As economias latino-americanas, em virtude de sua estrutura agrária, não têm condições de industrializar-se sem intervenção externa.

Atividades de aprendizagem

Questões para reflexão

1. Por que podemos afirmar que não há um único caminho para o desenvolvimento?

2. Comente sobre o conceito de centro-periferia teorizado por Raúl Prebisch.

3. As elites latino-americanas historicamente contribuíram para o desenvolvimento socioeconômico e para a soberania da região? Justifique sua resposta.

Atividade aplicada: prática

1. Realize uma pesquisa identificando a posição do Brasil na divisão internacional do trabalho.

Capítulo 4
A teoria da dependência
sob diferentes olhares

Embora os teóricos cepalinos tivessem abandonado a perspectiva evolucionista do desenvolvimento por etapas, focando suas análises nas especificidades da América Latina (AL), sua abordagem revelou-se insuficiente diante da não superação dos problemas estruturais dos países da região. Assim, foi desenvolvida a teoria da dependência, que buscou responder a questões como a permanência da pobreza nesses países, mesmo quando apresentam crescimento econômico. Em razão disso, neste capítulo, apresentaremos as diferentes abordagens da teoria da dependência nas visões marxista e weberiana – aqui representadas pelos autores Rui Mauro Marini, Florestan Fernandes, Fernando Henrique Cardoso e Enzo Faletto.

O capítulo discute a relação de dependência da AL diante das potências econômicas, dividindo-se nos seguintes temas: dependência e imperialismo, a dinâmica interna da dependência e as relações de dominação, centro e periferia – a dependência na ótica weberiana.

(4.1)
Uma visão panorâmica da dependência

O tema do desenvolvimento ocupou a agenda do pensamento cepalino e passou por revisões teóricas e metodológicas. Na esteira dessas revisões, a teoria da dependência trouxe novos enfoques e olhares para explicar e compreender as características da AL em relação ao restante do mundo desenvolvido.

O fato é que a dependência da AL tratada pelas ciências sociais encontra nos teóricos da Cepal uma formulação de viés econômico, que busca analisar as causas da situação de subdesenvolvimento. Essa concepção assinala se tratar de uma realidade dicotômica entre o centro do mundo capitalista – os países industrializados – e a condição dos países periféricos – subdesenvolvidos.

> **Para saber mais!**
>
> Autores cepalinos, como Raúl Prebisch, Celso Furtado e Aníbal Pinto, convergem no essencial ao mostrar que o desenvolvimento e o progresso econômico só seriam alcançados na AL por um conjunto de iniciativas envolvendo a ação dos Estados e o fortalecimento das economias nacionais. Para os autores, isso incluía o processo de substituição das importações.

Os conhecimentos produzidos pelos intelectuais e analistas da Cepal romperam com as teorias tradicionais que enfocavam o desenvolvimento como um processo evolutivo pelo qual os países naturalmente passam, algo como o que defendia Rostow e outros autores correlatos, nas teorias etapistas sobre o desenvolvimento.

No entanto, a Cepal tem algumas limitações teóricas, principalmente em explicar que, embora alguns países da AL tivessem avançado em termos de crescimento econômico, a pobreza não diminuiu e ainda ocorreu um aumento da concentração de renda. Este e outros problemas, como os relacionados aos ganhos de capitais e investimentos de capitais externos, ensejaram o desenvolvimento das teorias da dependência. Falamos aqui em *teorias*, no plural, por existirem ao menos três abordagens diferentes em relação ao problema do desenvolvimento e do subdesenvolvimento na AL.

Agrupadas em três vertentes, as primeiras formulações seguem um viés neomarxista. Um dos seus autores mais conhecidos é André Gunder Frank, o qual será apresentado melhor mais adiante. Outra abordagem se encontra presente nos herdeiros teóricos da Cepal, como Celso Furtado e Osvaldo Sunkel, e uma outra abordagem, de cunho weberiano, é encabeçada por Fernando Henrique Cardoso e Enzo Faletto. Resumidamente, podemos dizer que a primeira corrente

> busca suas fontes nas teorias do imperialismo e no neomarxismo norte americano de Paul Baran, mesclando a isso alguns avanços difundidos pela CEPAL. Suas contribuições trazem um forte apelo político e o sentimento de urgência para uma ação transformadora da América Latina. Também será por essas características que sofrerá fortes críticas. A segunda corrente bebe basicamente nos avanços realizados pelos autores da CEPAL e nas críticas oriundas de dentro da própria casa. Assim, se Prebisch publica, em 1963, importante discussão em que reconhece a necessidade de ir além da industrialização. Pesquisadores da casa não tardarão a reconhecer que o comportamento e os interesses das elites locais são fundamentais para explicar a dificuldade de o subcontinente dar os passos em direção a democracias econômicas e políticas plenas. Ficará claro, então, que os laços de dependência estabelecem-se desde dentro, dada a história dos países. (Amorim, 2012, p. 95)

A terceira perspectiva da dependência assumiu um direcionamento mais weberiano, analisando os conflitos internos dos países, as relações de domínio entre as classes e os processos de alianças internas, o que envolve diferentes grupos e instituições, inclusive com articulações internacionais. Uma realidade complexa e heterogênea, que vai além do modelo analítico cepalino.

Mesmo com essas diferenciações na abordagem teórico-metodológica, vemos que o contexto geral do tema permanece o mesmo: pensar a realidade latino-americana no eixo do desenvolvimento e das possibilidades de superação da dependência em relação às economias do capitalismo central.

(4.2)
Dependência e imperialismo

Para dar continuidade ao nosso estudo, trazemos agora a abordagem que leva em conta o peso que o imperialismo desempenha no plano econômico mundial. Basicamente, as iniciativas de países imperialistas como Inglaterra e Estados Unidos encontram formas de realizar alianças entre as classes dominantes estrangeiras e as elites locais. Dessa forma, mantêm-se uma situação de subserviência aos interesses imperiais, sendo a nação colocada assimetricamente na divisão internacional do trabalho. Esses fatores combinados constituem obstáculos para que a nação dominada venha a se tornar desenvolvida. Seria ingenuidade pensar diferente, ou seja, numa aliança de parceria e ajuda mútua. Isso porque não é de interesse do país mais forte que surjam novos concorrentes.

> **Para saber mais!**
>
> Podemos definir *imperialismo* como uma política de expansão, colonização, domínio e controle de uma nação dominante sobre uma ou mais nações. Trata-se de um fenômeno que remonta aos impérios antigos, como o macedônico e o romano. Contemporaneamente, o fenômeno assume contornos diferenciados, sendo implementado principalmente com o objetivo de obter acesso a recursos naturais, mercado para seus produtos e exploração de mão de obra barata.

Seguindo essa lógica, torna-se estrategicamente inviável que países imperialistas permitam que o capitalismo se desenvolva de modo independente e com soberania em países subdesenvolvidos.

O referencial neomarxista presente nas discussões da Cepal assinala que a constituição histórica do Brasil não reúne as condições para que houvesse uma revolução burguesa e democrática, a ponto de fazer surgir uma elite nacional comprometida com o desenvolvimento nacional. O resultado dessa dinâmica, segundo o autor, é que o capitalismo quase sempre se constrói numa dialética cruel, pois, enquanto produz o desenvolvimento em uma região, gera exploração e pobreza em outra, estando ambas relacionadas pela lógica de ganhar e perder.

Estava evidente, então, que o subdesenvolvimento na AL tinha como sua causa de fundo um capitalismo imperialista. Uma situação agravada ainda mais pela atuação das elites locais, que tendem a reproduzir essa lógica internamente, fazendo com que algumas regiões floresçam e outras permaneçam pobres, ou dependentes. Estas últimas oferecem somente sua mão de obra e recursos para a produção da riqueza em outras regiões, mais centrais e urbanizadas.

Segundo Frank (1980), o subdesenvolvimento teria essa dupla característica, nacional e internacional, sendo uma

> *permanente recriação do imperialismo, uma vez que as metrópoles se apropriam sistematicamente do excedente produzido pela super exploração dos trabalhadores dos satélites, subtraindo todo potencial de acumulação destes últimos países. Além disso, a metrópole provocaria toda sorte de distorções no satélite, fazendo com que se repetisse, no interior deste, o mesmo esquema metrópole-satélite.* (Frank, 1980, p. 107)

Historicamente, a AL viveu por séculos a recriação desse processo duplamente exploratório. O excedente do trabalho produzido é expropriado de duas maneiras: primeiro, pelas elites locais, que drenam a força de trabalho e os bens produzidos, numa relação comercial e de salário que mais se parece com uma condição de escravidão; segundo, pela expropriação do mercado internacional, que subvaloriza a produção dos países subdesenvolvidos. O resultado final desse processo coloca os países latino-americanos como

> *incapazes de acumular o suficiente para fugir ao domínio imperialista e, pior, de superar a sua grave pobreza e desigualdade vividas. O motivo era claro: para fazer frente ao processo de exploração internacional, reproduzem-se, internamente também, formas de exploração que recaem, inevitavelmente, sobre as regiões economicamente mais fracas e os trabalhadores.*
> (Amorim, 2012, p. 108)

Assim, o subdesenvolvimento surgiu como consequência da própria lógica imperial e capitalista, em que o desenvolvimento precisa ser desigual, de modo a manter as economias centrais na sua condição privilegiada. A saída para essa situação viria na forma de organização coletiva e ação revolucionária. Contudo, a burguesia nacional não tem interesse em desempenhar o papel que outrora desempenhou a classe burguesa europeia na formação dos Estados nacionais e na consolidação de suas economias. Assim, a posição vantajosa das elites, com seus pactos e alianças internacionais, faz com que seja melhor, para elas, que o alinhamento subalterno seja mantido. Concretamente, essa situação em nada muda a condição social e econômica dessas elites.

Uma mudança de alinhamento seria muito mais fruto de um ideal cívico e patriótico, um projeto de soberania, que, a rigor, não faz parte dos valores das elites latino-americanas, tampouco seria tolerado pelos países imperialistas, que historicamente sempre buscaram intervir ou desestabilizar governos não alinhados com os centros de poder mundial (Furtado, 1998).

Outro autor filiado à abordagem marxista da dependência foi Ruy Mauro Marini. Sua trajetória foi marcada pelo exílio e pela participação no debate internacional sobre a AL em relação ao mundo capitalista.

No entendimento de Marini (citado por Amorim, 2012, p. 109), desde o período colonial

> *os países da região construíram sua organização econômica e política de acordo com os interesses metropolitanos de acumulação. Se o início foi marcado pela exportação de gêneros exóticos e metais preciosos, na era industrial a venda de matérias-primas e alimentos favoreceu a manutenção da mesma ordem de subordinação, apesar do período ser marcado pelos processos de independência nacional. Tanto assim que, apesar da autonomia formal, fica claro que a vida política dos países girou em torno das antigas estruturas administrativas e demográficas coloniais e, pior, isoladas entre si, mas voltadas para o comércio exterior com a Inglaterra.*

Trata-se de uma relação historicamente construída e economicamente determinada no sentido de manter a relação de subalternidade entre os países da AL e as economias centrais. A dependência torna-se o eixo central na organização da divisão internacional do trabalho e se pauta pela exploração dos recursos dos países periféricos. Além da exportação dos recursos primários, a importação de máquinas e de produtos manufaturados, assim como a exploração da mão de obra fabril, colocaram a AL numa condição de dependência estrutural das economias centrais.

Marini evidenciou o caráter perverso dessa dependência com reflexos na intensificação da exploração dos trabalhadores, uma vez que as nações

> *não industriais exportam, por meio do intercâmbio desigual, parte importante do valor que produzem, levando o capitalista local a tentar compensar essa perda. Como esta compensação é impossível nas trocas comerciais, volta-se ele para uma maior exploração do trabalhador, aumentando a jornada de trabalho ou simplesmente reduzindo seu rendimento. Assim, apesar da deterioração dos termos de troca, a oferta de bens primários cresce, pois as nações desfavorecidas não buscam corrigir o desequilíbrio, mas, sim, compensar a perda por meio de maior volume de exportação. Essa relação de exploração no mundo do trabalho é congruente com o pouco desenvolvimento das forças produtivas da América Latina, mas traduz-se, em termos nacionais, na incapacidade do país em reagir, acumular e superar sua posição subordinada, perpetuando estruturalmente a dependência.*
> (Amorim, 2012, p. 112)

A mesma lógica aplicada à administração de uma fábrica foi ampliada e reproduzida na relação com os países periféricos. No mundo todo, a burguesia superexplora a classe trabalhadora. O aumento da produtividade favorece o aumento na extração da mais-valia. Essa lógica operativa ocorre também no relacionamento entre os países centrais e os periféricos, fazendo com que as elites destes compensem sua baixa lucratividade nas exportações com a intensificação da exploração de seus trabalhadores. Isso não seria possível sem o apoio de governos autoritários, visto que não demoraria muito para a classe trabalhadora se rebelar contra sua condição de opressão.

Assim, a perspectiva marxista da dependência busca mostrar que a mesma lógica operativa que gera a produção nas economias centrais é reproduzida na relação com a produção advinda dos países latino-americanos. Há, ainda, o agravante de que esse processo é recriado no interior das fábricas e indústrias dos países da AL de modo ainda mais intenso e cruel, visando compensar a posição desigual na divisão internacional do trabalho na economia mundial.

(4.3)
A DINÂMICA INTERNA DA DEPENDÊNCIA E AS RELAÇÕES DE DOMINAÇÃO

Há que se considerar outros fatores relacionados à dependência entre a AL e os países desenvolvidos do capitalismo que levam em consideração os arranjos históricos e culturais do comportamento das elites locais e suas alianças internas e externas. Historicamente, a AL é vista como parte integrante do movimento econômico mundial, ocupando um posicionamento de subalternidade. Não se trataria de um atraso histórico com obstáculos estruturais ao seu desenvolvimento, mas de uma posição desde muito cedo colocada de forma determinada na divisão internacional do trabalho. Isso não possibilitou que ela entrasse numa condição melhor ou mesmo de igualdade no mercado de trocas, de comércio e de produção industrial. Essa ideia reforça o eurocentrismo e o norteamericanismo como eixos determinantes das relações econômicas mundiais, cabendo ao continente latino-americano, ao Caribe e à América do Sul um alinhamento desigual nas relações geopolíticas e econômicas em termos globais.

Para além da abordagem marxista da teoria da dependência, há outra, weberiana, de viés não marxista, que enfatiza fatores de outra natureza, que não somente os estruturais, ligados à força do imperialismo dos países centrais do capitalismo. São assinalados fatores internos da estrutura social e da cultural das classes e grupos que foram o núcleo das elites dominantes "crioulas".

> **Importante!**
>
> Compreender o contexto histórico social da formação política das elites e dos grupos dominantes da AL é importante no sentido de dimensionar as características endógenas da dependência. Não se trata de negar ou suavizar os efeitos perversos da dependência – como a exploração, a pobreza e a precariedade da classe trabalhadora –, tampouco de isentar a lógica de dominação que orienta as relações de troca entre "centro e periferia" de sua culpa histórica. O foco é chamar a atenção para situações não estruturais, mas que relacionadas produzem um cenário interno que reforça os efeitos perversos da dependência.

Entre os autores que buscaram esse caminho, Florestan Fernandes ocupa posição de destaque, sendo considerado um clássico da sociologia brasileira. Sua trajetória intelectual na Universidade de São Paulo (USP) fez dele uma referência nos estudos sobre a sociedade brasileira. Florestan, além de intelectual, também atuou como político – foi deputado federal pelo Partido dos Trabalhadores de 1986 a 1990. Tentando aliar e aproximar os saberes do mundo acadêmico com seu fazer político, Florestan dirigiu seu trabalho para a superação da condição de subserviência do Brasil, um país claramente dependente em sua economia das demandas internacionais. O capitalismo no Brasil se manifestou tardiamente, colocando-se de modo funcional em relação às forças produtivas internacionais do capitalismo central. O centro não sobreviveria em sua prosperidade sem a contribuição da periferia.

> As economias dependentes podem ser caracterizadas por: a) possuírem uma ordem capitalista interna, **mas dinamizada a partir de fora e,**

*portanto, subordinada a um crescimento econômico, político e sociocultural controlado pelas nações hegemônicas **sempre associadas aos interesses dominantes internos**. Assim, através da decisão política sobre o caráter da modernização, esses interesses associados filtram as imposições do mercado mundial e organizam a sociedade, copiando/transferindo instituições típicas das nações hegemônicas; e b) uma inserção muito específica no mercado mundial que lhe dá uma **autonomia apenas relativa**. São economias montadas para serem fontes de excedente para as nações hegemônicas, mas, ao mesmo tempo, dependentes das aplicações desse mesmo excedente para se reproduzirem.* (Amorim, 2012, p. 129, grifo do original)

A dinâmica da dependência, como percebida por Fernandes (1968), se estabelece de modo funcional, interna e externamente, pelos interesses e pelas forças que ganham na funcionalidade dessa lógica setorial. Vemos o favorecimento de alguns ao mesmo tempo em que ocorre a penalização de outros, no caso, da massa de trabalhadores e do povo, cujo trabalho, embora produza a riqueza, os mantêm pobres.

Importante!

A relação funcional que se estabelece é de ordem heterônoma em relação à nação como um todo, pois o jogo econômico tende a favorecer estruturalmente somente as classes dominantes nacionais e internacionais, excluindo do progresso e do desenvolvimento material as massas de trabalhadores.

A herança e as causas da dependência remontam aos processos de conquista e colonização – um modelo de exploração centralizadora cuja lógica não permitia o florescimento do desenvolvimento material independente, fazendo surgir uma cultura distante dos ideais iluministas da democracia liberal. O Brasil, assim como muitos dos países da AL, formou-se numa estrutura de classe rígida, com fronteiras bem delimitadas, tornando o processo de mobilidade social um projeto quase inacessível à massa de pobres e trabalhadores. A economia nacional dependente se concentrou na produção latifundiária, na mão de obra escrava e na divisão estrutural entre pobres e ricos, entre proprietários e despossuídos. Ideais de nacionalismo, povo, civismo e patriotismo não fizeram parte da formação da cultura social e econômica no Brasil e na AL, a não ser muitas vezes de forma demagógica e classista, quando ocorreram os processos de independência política.

Uma conjuntura histórica bem caracterizada por Fernandes (1968, p. 10) ao explicar a formação de um Estado nacional independente aconteceu na AL

> *sem que se processassem alterações anteriores ou concomitantes na organização da economia e da sociedade. Portanto, ela se deu sem que o regime de castas e estamentos sofressem qualquer crise [...]. Sob esse aspecto, a inclusão da economia brasileira no mercado mundial representou um simples episódio do ciclo de modificações dos laços coloniais, no quadro histórico criado pela elevação da Inglaterra à condição de grande potência colonial. Os laços coloniais apenas mudaram de caráter e sofreram uma transferência: deixaram de ser jurídico-políticos, para se secularizarem e se tornarem puramente econômicos.*

O processo de independência política não alterou a organização social em países como o Brasil, uma vez que manteve o controle nas mãos das oligarquias e favoreceu a concentração de renda. As relações internacionais entre a produção brasileira e latino-americana em relação às economias centrais intensificaram a exploração do trabalho. Não sendo competitiva, a produção dos países da AL não alcança muita lucratividade em relação à concorrência das economias centrais. Essa dinâmica faz com que os proprietários busquem forçar a produção nacional, gerando situações de maior intensificação e precarização das condições de trabalho.

Mesmo após o avanço da industrialização pelo mundo e a consolidação do modelo de trabalho assalariado nos países latino-americanos, as influências externas, segundo Fernandes (1968), exerciam um tremendo impacto nas economias nacionais e nos processos de independência política na AL. A condição desigual de relação entre capital e trabalho, pela lógica da intensificação, e a situação de dependência em relação às economias centrais tornaram-se o modelo de capitalismo dominante em toda a América Latina.

Vale lembrar que, mesmo em meio aos processos de globalização econômica e formação de blocos de comércio entre os países do centro capitalista, quando falamos da posição da AL na divisão internacional do trabalho, tem-se uma nova edição da dependência. A dominação se reveste de uma nova roupagem que não exclusivamente econômica.

> *A última fase da dominação surge com a transnacionalização das grandes empresas de nações hegemônicas. Esta expansão reorganizou a maneira de levar a produção adiante, a relação capital-trabalho, a propaganda e a difusão ideológica etc. Há uma importação de padrões de comportamento, consumo, ideias e instituições que ligam cada vez mais o destino do país dependente ao controle das economias imperialistas, porém, e isso é muito importante, com um agravo: exercido a partir de dentro! A burguesia local associada e interessada na entrada de companhias estrangeiras não tem condições de (e não quer) realizar uma revolução burguesa de caráter nacional até seu limite e romper com setores arcaicos e superar seus laços de dependência.* (Amorim, 2012, p. 131)

O desenvolvimento do capitalismo no Brasil e, de modo geral, na AL foi uma experiência histórica tardia, não chegando nunca a se desenvolver plenamente em termos de seu dinamismo e da formação de seu corpo social, a expressar-se no fortalecimento da classe trabalhadora, como uma classe média de consumo e organização coletiva. Por conta das características já apontadas anteriormente, como a herança colonial, ocorreu uma adaptação do capitalismo à cultura e aos valores coloniais.

Diferentemente do que ocorreu na Europa, o capitalismo na AL seguiu um caminho que reforçou situações de exploração da classe trabalhadora e criou obstáculos para que a sociedade pudesse oferecer diferentes possibilidades de mobilidade social, seja pelo trabalho, seja por oportunidades de empreender. O controle oligárquico, a concentração de renda e o atraso cultural e educacional, no caso do Brasil, forneceram uma atmosfera propensa para um capitalismo selvagem e predatório, impossibilitando que se estabelecesse uma relação societal minimamente equilibrada entre as classes proprietárias e a dos trabalhadores, como ocorreu no continente europeu (Fernandes, 1968).

Importante!

Ao impossibilitar a acomodação das tensões sociais, essa conjuntura favorece um clima de instabilidade. A intensificação da exploração do trabalho, por um lado, e a falta de canais de negociação entre grupos e classes, por outro, favorecem a adoção de mecanismos autoritários de controle social. Nesse contexto, vemos violência do Estado contra movimentos sociais, organizações coletivas de trabalhadores e minorias marginalizadas.

Historicamente, o capitalismo no Brasil e na AL teve pouco de moderno; a relação entre capital e trabalho se processou por formas espoliativas de acumulação.

Porém, essas formas só são possíveis se se mantêm os demais setores sociais, marcadamente os trabalhadores, excluídos dos centros de decisão, da renda e da educação. Isso não pode ser conseguido em uma sociedade verdadeiramente competitiva. Então, só resta aos donos do poder manter a exclusão dos setores despossuídos da sociedade e oprimir caso surja alguma força realmente democrática. Em outras palavras, a burguesia, ao unir-se ao capital financeiro internacional, isolando as classes mais baixas, tornou-se dependente econômica e culturalmente das nações hegemônicas. A política interna, então, será expressão dessa dependência que deve ser mantida em favor da continuidade da sua dominação. Nesse sentido, detendo o poder interno, o grupo dominante implantou e mantém, para si e para o capital estrangeiro, um modelo de capitalismo moderno e cosmopolita, mas não autônomo nem desenvolvido. (Amorim, 2012, p. 135)

O capitalismo "à brasileira", e de modo muito semelhante na AL, precisou se servir de formas arcaicas (pré-capitalistas) de organização do trabalho e da produção. A cultura capitalista que se criou funcionou como um obstáculo permanente ao ideal de cidadania minimamente relacionado à preservação de direitos sociais, de organização política e de reivindicação.

Surgiu uma realidade socialmente e culturalmente determinada, fazendo com que a dependência econômica ocorresse em função

de padrões de extrema desigualdade econômica, sociocultural e política, aparentemente irreconciliáveis com a organização em classes e com o próprio capitalismo. Contudo, são tais padrões de desigualdade estrutural que asseguram não só a existência e a continuidade, mas também o crescimento e o desenvolvimento da ordem social competitiva, que é possível sob o capitalismo dependente. (Fernandes, 1968, p. 73)

A análise de Fernandes (1968) refina o arcabouço marxiano da dependência, inserindo elementos sociais e culturais envolvidos no processo da dependência econômica. Fernandes (1968) chama a atenção para a cumplicidade das elites nacionais e internacionais, mostrando o quanto a herança colonial do Brasil produziu um capitalismo atípico e cruel, com enormes dificuldades de ampliar os ganhos salariais e envolver a massa de trabalhadores no ciclo de consumo. Seus estudos são referência para se compreender as organizações social e econômica brasileiras, exercendo grande influência nas gerações futuras de sociólogos do país.

(4.4)
Centro e periferia: a dependência na ótica weberiana

A teoria social de Max Weber, embora tenha estabelecido uma interlocução com a abordagem dialética de Marx, segue um caminho próprio, diferenciando-se em sua explicação da sociedade. Ele estabelece que, embora o fator econômico seja um elemento condicionante nas relações sociais, não é o único. Entre os outros elementos que Weber considera ao explicar a sociedade estão a formação cultural, a pluralidade de grupos e classes, assim como o peso que o *status* social adquire nas relações sociais.

Além dessas diferenças, existe uma ainda mais marcante em relação a sua base epistemológica. Weber, influenciado por Immanuel Kant e pelo historicismo alemão, buscou explicar o social pela atuação dos indivíduos e pelos sentidos e significados que eles atribuem às suas ações. Assim, o elemento subjetivo e individual ganha peso e relevância na teoria social de Weber, o que ficou conhecido na história da sociologia como **individualismo metodológico**, uma abordagem compreensiva da sociedade. Trata-se de algo que se distancia da abordagem materialista e dialética de Karl Marx (Sell, 2009).

Conforme escreve o próprio Weber, não se trata de uma

> *substituição de perspectivas de uma interpretação causal materialista unilateral por outra interpretação espiritual, igualmente unilateral da cultura e da história. Ambas são "viáveis", mas se qualquer delas não for adotada como introdução, mas sim como conclusão, de muito pouco serve no interesse da verdade histórica.* (Weber, 2007, p. 87)

Importante!

Predomina na abordagem weberiana a busca por captar o quanto os fatores ideológicos, psíquicos, culturais e até religiosos podem influenciar na regularidade de comportamentos e, dessa forma, engendrar organizações sociais e culturais, numa inversão da perspectiva da determinação da infraestrutura sobre a superestrutura social, cultural e ideológica de Marx.

Em sua obra *A ética protestante e o espírito do capitalismo*, escrita em 1906, fica evidenciado o viés culturalista de Weber na tentativa de explicar a origem e a formação do capitalismo moderno. Sua conclusão deixa claro que dificilmente o capitalismo teria surgido na forma e no contexto em que ocorreu sem a contribuição de valores, crenças e comportamentos engendrados pelo protestantismo, ao valorizar o trabalho, o sacrifício, a ascese, a disciplina e a poupança.

Esses elementos contribuíram para a formação de uma ética profissional, sem a qual o indivíduo burguês talvez não tivesse se tornado o protótipo do homem moderno.

Foi com base na abordagem de Weber que Fernando Henrique Cardoso e Enzo Faletto, dois sociólogos que chegaram a contribuir com a Cepal no final da década de 1960, fizeram uma revisão da teoria da dependência, buscando articular elementos das duas vertentes. Assim, eles integraram aspectos da análise marxista, a qual já foi apresentada anteriormente, e uma perspectiva interpretativa de matriz weberiana. Para eles, uma proposta integrada responderia melhor aos desafios de pensar a realidade econômica da AL, incorporando aspectos sociais que se colocam como subjacentes à lógica econômica capitalista. Era preciso, segundo esses autores, tornar visíveis dimensões axiológicas, composições ideológicas que atuam na mobilização das ações, em que o processo "político bem como as tensões entre grupos de interesses sociais e políticos antagônicos como determinantes do desfecho econômico, como o 'filtro pelo qual passarão os influxos meramente econômicos'" (Cardoso; Faletto, 1977, p. 22).

Assim, Cardoso e Faletto tiveram na superestrutura social o substrato explicativo para o funcionamento dependente do capitalismo brasileiro e, por aproximação, do capitalismo presente na realidade latino-americana. Nessa perspectiva, o desenvolvimento e o subdesenvolvimento são considerados duas faces da mesma moeda, estando relacionados com fatores institucionais,

> *culturais, políticos, ideológicos, nas associações de interesses, nos "anéis burocráticos" de poder, no Estado, na diplomacia e nas tensões de classe [...] no jogo das forças políticas e sociais como provável responsável pelo resultado favorável da industrialização das economias latino-americanas, assim como pela perda de seu impulso, nota-se que os condicionantes*

saem da esfera econômica, numa fuga do materialismo como método de análise. (Bresser Pereira, 1977, p. 78)

A intenção de Cardoso e Faletto era produzir uma análise interpretativa, distanciando-se do que eles denominavam *determinismo materialista*, referindo-se à abordagem marxista do problema do desenvolvimento latino-americano. Assim, os autores buscaram chamar atenção para uma saída ao subdesenvolvimento de dentro do capitalismo e do liberalismo econômico, havendo a necessidade de desenvolver tanto a industrialização como a classe empresarial nacional. Isso sem as mudanças sociais estruturais, como as defendidas pela teoria marxista.

Cardoso e Faletto estavam convencidos de que o caminho de superação do subdesenvolvimento dependia de reformas de ordem institucional pela via da democracia liberal, e não pela ação revolucionária. A saída por dentro do capitalismo proposta por esses autores se pautava na crença de que não é possível uma superação estrutural da dependência em relação aos investimentos externos e às relações econômicas com os países capitalistas centrais. Contudo, seria possível um reequilíbrio de forças partindo de arranjos institucionais nacionais e do fortalecimento de uma cultura econômica nacional. Nessa ótica, o estudo das estruturas de dominação que

> *condicionam e controlam os mecanismos de poder político decisório do sistema econômico, não apenas no âmbito externo, mas especialmente das que operam no nível interno das nações, levaria à compreensão da dinâmica das relações de classe e, por extensão, à apreensão dos determinantes do desenvolvimento. Considerando o processo de desenvolvimento como resultado da interação e da conformação dos diversos e antagônicos interesses materiais e ideológicos de grupos e classes sociais.* (Bresser Pereira, 1977, p. 81)

O que se pode depreender da perspectiva desses autores é uma nova compreensão em relação ao desenvolvimento do capitalismo mundial. O processo de industrialização, a globalização econômica, a transnacionalização de capitais e a presença de empresas multinacionais em diversos países seriam fatores que mostram a nova etapa do capitalismo. Assim, criava-se um contexto favorável ao desenvolvimento industrial das economias nacionais, numa relação praticamente "de parceria" com empresas estrangeiras e investimentos externos. Esse novo contexto de industrialização e ampliação dos mercados com a criação de acordos comerciais internacionais estaria a oferecer oportunidades para que economias nacionais alcançassem um novo patamar de desenvolvimento. Vemos, portanto, um processo com reflexos na formação de novos mercados e ampliação do poder de consumo da classe trabalhadora. Para Cardoso e Faletto, mesmo inserido na lógica das relações de dependência, seria possível ao Brasil, assim como à AL, progressivamente atingir maior amadurecimento e desenvolvimento semelhante ao que ocorreu nas economias centrais do capitalismo.

Temos uma visão otimista dos autores em relação a um suposto novo estágio das relações econômicas mundiais, o que foi definido como um novo caráter da dependência. Trata-se de uma conjuntura diferenciada, que não representa um obstáculo ao desenvolvimento das economias dependentes, em que a composição das "forças produtivas, a alocação dos fatores de produção, a distribuição da mão de obra, as relações de classe estão se modificando no sentido de responder mais adequadamente a uma estrutura capitalista de produção" (Cardoso, 1970, p. 36). Nessa ótica, fica evidenciado o distanciamento da perspectiva materialista, sem que se fale de categorias como *dominação*, *mais-valia*, *imperialismo* e *exploração*.

Na ótica de Cardoso (1970), em um contexto de globalização e interdependência econômica entre as nações, é mais apropriado do ponto de vista teórico e empírico falar numa simultaneidade entre desenvolvimento e dependência. No cômputo final das relações econômicas capitalistas,

> os beneficiários desse "desenvolvimento dependente" [...] passam a ser as empresas estatais, as corporações multinacionais e as empresas locais associadas a ambos. Estes agentes sociais constituem o que chamo de tripé do desenvolvimento dependente-associado. De que modo pode-se pensar que se mantém e se ampliam os liames da dependência quando existe, ao mesmo tempo, um processo interno de capitalização? (Cardoso, 1970, p. 36)

Não existe incompatibilidade entre a dependência e o desenvolvimento da periferia. Mesmo numa relação assimétrica em termos de trocas, é possível que se verifique o avanço da industrialização, a melhora econômica e mesmo o aumento da massa de consumidores, sem que esse quadro possa interferir na presença dos grupos dominantes que se mantêm como classe privilegiada. A ideia é que, sendo o desenvolvimento um processo que se amplia por sua própria dinâmica, seria inevitável que seus benefícios se estendessem a um conjunto maior da população.

A ampliação da melhora das condições de vida da nação não dependeria de uma revolução ou de reformas estruturais, mas repousaria na forma como as estruturas políticas e sociais podem alterar a relação entre Estado e sociedade. Seria preciso uma ampliação dos mecanismos de participação democrática, o que incluiria a participação dos sindicatos e de outros organismos coletivos da sociedade civis, como partidos políticos e movimentos sociais. O conjunto das instituições e grupos participantes da vida social e política poderiam atuar como mediação dos conflitos entre as classes.

Na perspectiva dessa teoria, o processo de mudança rumo ao desenvolvimento está relacionado aos fatores econômicos externos e internos, mas também a mudanças na estrutura social e política das nações que compõem a periferia do capitalismo. Estender os benefícios do desenvolvimento e do progresso material ao conjunto da população envolve mudanças na própria sociedade, mediante novos arranjos políticos e pela participação social das diferentes classes com seus interesses, por meio da articulação de suas organizações coletivas. O processo de melhora no acesso aos bens de consumo e na distribuição de renda precisa acontecer no campo social, cultural e político, na acomodação das tensões e no atendimento das demandas dentro e fora do Estado, conciliando as pressões externas com o fortalecimento das economias nacionais.

Síntese

A abordagem marxista da teoria da dependência analisa o subdesenvolvimento da AL como um processo histórico relacionado ao imperialismo na região, somado à conveniência das elites locais e à exploração da mão de obra das classes menos favorecidas. Para Marini (2000), a dependência do capital estrangeiro foi historicamente construída e não será rompida pelas burguesias nacionais. Do mesmo modo, Florestan Fernandes (1968) argumenta que nosso capitalismo seguiu por um caminho de adaptação da cultura e dos valores coloniais, adquirindo contornos predatórios. Já a abordagem weberiana analisa os aspectos culturais da dependência, propondo mudanças pontuais. Cardoso e Falleto (1977) defendem a superação do subdesenvolvimento pela via institucional, não revolucionária. Para esses autores, a dependência do capital estrangeiro e a própria interdependência dos países no mercado internacional impossibilitam uma ruptura abrupta das relações com as potências capitalistas. Assim, a mudança viria com reformas sociais e políticas nas nações que compõem a periferia do capitalismo.

Indicações culturais

Documentário
RUY Mauro Marini e a dialética da dependência. Brasil, 2014. 52 min.

O documentário aborda a vida e a obra de Ruy Mauro Marini, explorando didaticamente seus principais conceitos, como a dependência e a superexploração do trabalho. Traz entrevistas com outros autores, como João Pedro Stédile e Theotônio dos Santos.

Livro
SANTOS, T. dos. A teoria da dependência: balanço e perspectivas. Rio de Janeiro: Civilização Brasileira, 2000.

Nesse livro, Theotônio dos Santos analisa as condições socioeconômicas da América Latina de 1960 até o fim do século XX, destacando a dependência dos países do continente em relação aos desenvolvidos. Além disso, o autor critica a visão que os colocou como economias "pré-capitalistas", argumentando que nunca fomos externos ao sistema, pelo contrário, contribuímos para o desenvolvimento dele desde a colonização.

Atividades de autoavaliação

1. As três vertentes da teoria da dependência são:
   a) nacional desenvolvimentista, neomarxista e weberiana.
   b) as herdeiras do pensamento cepalino, neomarxista e weberiana.
   c) evolucionista, marxista e weberiana.
   d) weberiana, desenvolvimentista e evolucionista.
   e) marxista, neodesenvolvimentista e evolucionista.

2. Para André Frank, o subdesenvolvimento se reproduz nacional e internacionalmente, de modo que:
   a) as elites locais são comprometidas com o desenvolvimento, mas se veem impedidas pela dependência econômica externa.
   b) o elevado custo com a mão de obra brasileira, por exemplo, impede ganhos internos de produtividade.
   c) é consequência do imperialismo e se reproduz internamente pela exploração do trabalho e pela desigualdade regional.
   d) a produção nos países subdesenvolvidos é sobrevalorizada, o que aumenta sua competitividade.
   e) o desenvolvimento desigual é resultado intrínseco do capitalismo, sem relação com políticas de Estado e exploração.

3. Sobre a ausência de uma revolução burguesa e as dificuldades de desenvolver plenamente o capitalismo em países como o Brasil, aponte a alternativa **incorreta**:
   a) Ocorreu uma adaptação do capitalismo à herança e à cultura coloniais.
   b) Os grupos dominantes locais tendem a aliar-se ao capital estrangeiro, obtendo mais vantagens para si do que para o conjunto da população.
   c) A transnacionalização de empresas estrangeiras acompanha a importação de valores e costumes, favorecendo uma ideologia subalterna.
   d) A revolução burguesa, assim como ocorreu na Europa, é uma etapa inevitável do capitalismo, que logo acontecerá em outras partes do mundo.
   e) O controle das oligarquias, a grande concentração de renda e a existência de pequenos grupos privilegiados são obstáculos para que se construa uma relação um pouco mais equilibrada entre as classes.

4. Sobre a transnacionalização da economia e o capitalismo dependente, de acordo com a abordagem de Fernando Henrique Cardoso e Enzo Faletto, assinale com V (verdadeira) e F (falsa) as sentenças a seguir.
   ( ) O processo de internacionalização da economia é irreversível, portanto, cabe geri-lo de forma que seja vantajoso para todos.
   ( ) Tal contexto é favorável para o desenvolvimento industrial das economias nacionais, pois amplia os mercados e o estabelecimento de acordos com o capital estrangeiro.

( ) Seria prejudicial às economias subdesenvolvidas, que se encontram em posição de desvantagem diante dos países centrais.

( ) Para os autores, dependência e desenvolvimento dos países periféricos são fenômenos excludentes, pois o desenvolvimento pressupõe o fim da dependência externa.

Agora, assinale a alternativa que apresenta a sequência correta:

a) V, V, F, F.
b) V, F, V, F.
c) V, V, F, V.
d) F, F, V, V.
e) F, V, F, V.

5. Assinale a alternativa que apresenta abordagem de Cardoso e Falleto (1977) sobre o fenômeno da dependência:

a) Marxista.
b) Nacional-desenvolvimentista.
c) Positivista.
d) Weberiana.
e) Evolucionista.

Atividades de aprendizagem

Questões para reflexão

1. Indique a relação existente entre imperialismo e subdesenvolvimento.

2. Aponte fatores internos relacionados aos grupos dominantes que, segundo Florestan Fernandes (1968), reforçam a condição de dependência dos países subdesenvolvidos.

3. Segundo Cardoso e Faletto (1977), como a condição de subdesenvolvimento poderia ser superada?

Atividade aplicada: prática

1. Assista ao documentário *Mauro Marini e a dialética da dependência* e elabore um texto sobre a exploração da força de trabalho na América Latina.

   MAURO Marini e a dialética da dependência. **Expressão popular**, 27 maio 2014. Disponível em: < https://www.youtube.com/watch?v=ww4_HoY-UYA >. Acesso em: 18 jul. 2018.

Capítulo 5

Considerações sobre a
modernidade e o contexto
latino-americano

Os países latino-americanos frequentemente são rotulados como "atrasados" em termos econômicos, políticos, tecnológicos e até mesmo culturais. Mas atrasados em relação a que? A quem? O que, afinal, é ser moderno?

Neste capítulo, abordamos os debates sobre o fenômeno da modernidade, buscando o significado desse conceito e as formas como ele se desenvolveu ao longo da história e entendendo como ele serviu a um projeto de poder eurocêntrico que afetou diversas regiões do mundo. Também discutimos a suposta necessidade de modernização da América Latina (AL) e os projetos levados a cabo nessa empreitada, relacionando o fenômeno com a globalização e a forma com que a região se inseriu nesse processo.

Para organizarmos melhor o capítulo, dividimos as seções da seguinte maneira: o conceito de modernidade, as contradições da modernidade, a globalização e os processos sociais na AL. Por fim, falaremos sobre o aspecto competitivo e neoliberal da globalização e sobre esta como produtora de novas desigualdades.

(5.1)
Modernidade: uma conceituação preliminar

Costuma-se classificar como *modernidade* a fase histórica entre o processo que levou à ruptura com o feudalismo, à consolidação do capitalismo, bem como ao fim do monopólio da fé em relação às explicações sobre o mundo. Os acontecimentos históricos essenciais nessa transformação são a Reforma, o Iluminismo e a Revolução Francesa. O conceito de **moderno** implica colocar a razão no lugar da crença, a ciência no lugar da fé. Essa mudança de mentalidade levou ao avanço dos conhecimentos científicos, à inovação do sistema produtivo e a uma nova divisão do trabalho e das classes. A racionalização também estabeleceu novos mecanismos e instituições de controle e levou à normatização da vida, da economia e da política. Trata-se do controle das forças da natureza pela humanidade e a afirmação do seu poder sobre seu destino, sobre sua vida.

> *A ideia de modernidade está portanto estreitamente associada à da racionalização. Renunciar a uma é rejeitar a outra. Mas a racionalidade se reduz à racionalização? É ela a história dos progressos da razão, que são também os da liberdade e da felicidade, e da destruição das crenças, dos pertences, das culturas "tradicionais"? A particularidade do pensamento ocidental, no momento da sua forte identificação com a modernidade, é que ele quis passar do papel essencial reconhecido à racionalização para a ideia mais ampla de uma **sociedade racional**, na qual a razão não comanda apenas a atividade científica e técnica, mas o governo dos homens tanto quanto a administração das coisas. Tem esta concepção um valor geral ou ela nada mais é que uma experiência histórica particular, mesmo que a sua importância seja imensa? É preciso inicialmente descrever esta concepção de modernidade da modernização como criação de uma sociedade racional.* (Touraine, 1994, p. 18, grifo do original)

Dessa forma, segundo Touraine (1994), não se pode estabelecer a modernidade apenas em seu marco histórico, como se fosse um movimento já superado. Ela é, antes de tudo, um **projeto** inacabado, que consiste na busca permanente de encontrar na razão explicações para o mundo e o significado da existência – projeto que teve suas origens na Europa e foi levado para outras partes do mundo, tornando-se pretexto para o exercício do poder pelo colonialismo. O continente europeu foi o responsável por difundir a racionalidade para o restante do globo, ou seja, a modernidade constitui-se em uma visão de mundo eurocêntrica (Quijano, 2005).

Conforme Quijano (2005), a ideia de **raça** também passou a ser constitutiva do pensamento moderno, com o objetivo de justificar a dominação. A noção de que haveria seres humanos naturalmente superiores a outros serviu muito bem para os propósitos da colonização, que passou a ser fundamentada com argumentos tidos como "racionais" e "científicos". A conquista e a colonização da América, África e Ásia, em diferentes períodos históricos, carregam em seu bojo as concepções do que é moderno *versus* o que é atrasado, servindo para subjugar ou mesmo aniquilar o que supostamente representaria o atraso.

A modernidade, contraditoriamente, também se constitui numa práxis irracional da violência, que foi negada ou relativizada por um mito que pode ser assim descrito:

1. *A civilização moderna autodescreve-se como mais desenvolvida e superior (o que significa sustentar inconscientemente uma posição eurocêntrica).*
2. *A superioridade obriga a desenvolver os mais primitivos, bárbaros, rudes, como exigência moral.*
3. *O caminho de tal processo educativo de desenvolvimento deve ser aquele seguido pela Europa (é, de fato, um desenvolvimento unilinear e à europeia o que determina, novamente de modo inconsciente, a "falácia desenvolvimentista").*
4. *Como o bárbaro se opõe ao processo civilizador, a práxis moderna deve exercer em último caso a violência, se necessário for, para destruir os obstáculos dessa modernização (a guerra justa colonial).*
5. *Esta dominação produz vítimas (de muitas e variadas maneiras), violência que é interpretada como um ato inevitável, e com o sentido quase-ritual de sacrifício; o herói civilizador reveste a suas próprias vítimas da condição de serem holocaustos de um sacrifício salvador (o índio colonizado, o escravo africano, a mulher, a destruição ecológica etc.).*

6. *Para o moderno, o bárbaro tem uma "culpa" (por opor-se ao processo civilizador) que permite à "Modernidade" apresentar-se não apenas como inocente mas como "emancipadora" dessa "culpa" de suas próprias vítimas.*
7. *Por último, e pelo caráter "civilizatório" da "Modernidade", interpretam-se como inevitáveis os sofrimentos ou sacrifícios (os custos) da "modernização" dos outros povos "atrasados" (imaturos), das outras raças escravizáveis, do outro sexo por ser frágil etc.* (Dussel, 2005, p. 29)

A crítica à suposta "razão libertadora" da modernidade hoje se faz pelo reconhecimento da alteridade, da violência contra as diferenças que se impôs e ainda se faz presente nesse processo ao longo da história. Entretanto, essa discussão não pode se restringir à negação da razão.

Importante!

Criticar o eurocentrismo significa se engajar em um novo projeto de libertação que leva em conta as dimensões culturais, políticas, econômicas, ecológicas, raciais, de gênero etc.

(5.2)
Modernização: contradições de um processo social e econômico

Em mais de 500 anos de modernidade, suas contradições não se encerram à racionalidade etnocêntrica imposta violentamente aos "de fora" no projeto civilizador. Ela também produziu ambivalências em toda a civilização, tanto a europeia quanto as outras civilizações que pretendeu construir – ambivalências de caráter material e com relação à própria subjetividade dos sujeitos, pois o moderno é, antes de tudo, mudança, do ser e de tudo que está ao seu redor, produzindo uma constante sensação de insegurança e fragmentação (Bauman, 2007). Embora muitas pessoas não tenham experimentado a modernidade como uma ameaça a sua história e suas tradições, ela construiu experiências avassaladoras em todo o mundo.

De acordo com Berman (2007), o turbilhão da vida moderna se faz por diferentes fontes. Entre elas, estão:

- as grandes descobertas nas ciências;
- a industrialização e as tecnologias inovadoras, que criam novos ambientes e destroem outros, produzem aceleração do ritmo de vida, geram novas formas de poder e de luta de classes;
- a explosão demográfica e uma urbanização caótica, que retira populações de seus *habitats* e modos de viver;
- o desenvolvimento dos sistemas de comunicação que conectam diferentes pessoas e sociedades;
- os Estados nacionais buscando cada vez mais a expansão do seu poder;
- os movimentos sociais de massa;
- um mercado capitalista flutuante em constante expansão, que dirige e manipula pessoas e instituições.

Esse processo vem se desenvolvendo desde o século XVI, culminando com as revoluções no século XVIII, quando, de fato, se começa a "experimentar" a vida moderna (convulsões na vida pessoal, social e política). No século XIX, enxergou-se a contradição entre a abundância produzida com os avanços tecnológicos e a miséria da classe trabalhadora (Berman, 2007). Ao mesmo tempo, difundiu-se a ideia de "modernismo" como movimento artístico e de "modernização" como desenvolvimento técnico, burocrático e econômico.

> **Preste atenção!**
>
> *Modernismo* refere-se a um movimento cultural surgido no final do século XIX, em que se destacava uma visão apaixonada e, ao mesmo tempo, desdenhosa em relação ao novo. As contradições da vida urbana, as novas invenções e os avanços tecnológicos eram abordados em diferentes formas de arte, com destaque para a literatura e a pintura (Willians, 2011).

No século XX, o processo de modernização se expandiu ao ponto de abarcar o mundo todo, mas a ideia de modernidade perdeu sua nitidez, sua capacidade de organizar a vida das pessoas e dar sentido a elas. Os avanços científicos conquistados nesse período, em termos de conforto, qualidade de vida e longevidade – controle de epidemias, cura de doenças, novos medicamentos, vacinas, saneamento, e maior produção de alimentos –, além de não serem acessíveis a todos, também produziram novas ameaças. As duas Grandes Guerras, o perigo nuclear, os horrores do nazi-fascismo e os desastres ambientais são alguns dos exemplos de como a razão instrumental, em vez de libertar a humanidade, pode representar uma ameaça à nossa própria existência.

A modernização, conforme assinalado anteriormente, como sinônimo de desenvolvimento contínuo das ciências, das economias e das tecnologias, também produziu impacto profundo nas subjetividades dos sujeitos: a sensação de desorientação e desintegração típicas de nossa era e que se deve às intensas mudanças que ocorrem rapidamente, em função das novas tecnologias da informação, das constantes inovações na produção, no trabalho e no consumo, da diminuição das fronteiras territoriais e de que o tempo (cronológico) parece transcorrer de forma fugaz. O caráter fluido de nossa época, ou líquido, como afirmou Bauman (2007), gera mais dúvidas e inseguranças do que as certezas de libertação e felicidade prometidas pela modernidade.

Para Castells (2003), a emancipação feminina, os movimentos ambientalista, feminista, LGBT (lésbicas, gays, bissexuais, travestis, transexuais e transgêneros) e outros de caráter racial e étnico, além da descrença nas instituições (como partidos, sindicatos e o próprio Estado-nação), colocaram em xeque padrões de comportamento, de produção e de consumo, os papeis sexuais, o modelo único de família, e negaram a solidez institucional. Mais do que isso, abalaram antigas certezas e afirmaram novas identidades, o que também têm gerado reações contrárias: fenômenos como a xenofobia, o nacionalismo extremo e os fundamentalismos religiosos.

Na AL, a noção de modernização se constituiu como adoção de padrões semelhantes aos dos países avançados, em termos tecnológicos, de consumo e de comportamento, nas instituições e nas ideias. Até a década de 1950, o eurocentrismo dominava os debates econômicos e políticos sobre a modernização da AL. Porém, as iniciativas modernizantes na região ocorreram apenas parcialmente, por uma série de fatores apontados pelos teóricos cepalinos e da dependência, como vimos anteriormente, dentre os quais destacamos:

- os países latino-americanos eram fundamentalmente de estrutura agrária, com fraca industrialização;
- a burguesia local nunca teve intenção de revolucionar as estruturas sociais, políticas e econômicas vigentes, tal como ocorreu na Europa;
- os movimentos de independência não romperam com o padrão colonialista imposto na região;
- o colonialismo resultou em profundas desigualdades sociais e em economias periféricas e dependentes;
- nunca houve interesse por parte das elites locais em diminuir as desigualdades e conquistar a soberania política e econômica.

Dessa forma, o processo modernizador da AL foi apenas parcial, porque consistiu em adotar formas de governo republicanas, mas com fraca participação popular, e em importar ou, por vezes, produzir produtos industrializados para serem consumidos por poucos estratos da população. No caso do Brasil, a própria mecanização do campo não resultou em uma completa modernização agrária, pois manteve intacto o latifúndio e a política de exportação de matérias-primas.

> **Preste atenção!**
>
> No Brasil, a expressão ***modernização conservadora*** é "assim chamada, porque, diferentemente da reforma agrária, tem por objetivo o crescimento da produção agropecuária mediante a renovação tecnológica, sem que seja tocada ou grandemente alterada a estrutura agrária" (Guimarães, 1977, p. 3).

A constatação desses fenômenos vistos como entraves à modernização vai resultar em novos debates a partir dos anos 1950, já analisados nos capítulos anteriores. A percepção de que a maioria das economias latino-americanas são subdesenvolvidas e dependentes, e que sem um projeto de transformação política e econômica nunca ocorrerá a superação dessa condição, fez com que emergissem novas teorias sobre a modernização.

(5.3)
GLOBALIZAÇÃO ECONÔMICA E PROCESSOS SOCIAIS NA AMÉRICA LATINA

Para Ramos (2005, p. 100-107), há cinco interpretações dominantes sobre o fenômeno da globalização:

1. **Internacionalização:** Crescimento da interdependência entre as nações e das trocas internacionais.
2. **Liberalização:** Rompimento de barreiras regulatórias do comércio entre os países.
3. **Universalização:** Difusão da diversidade cultural, em uma espécie de "cultura global".
4. **Ocidentalização:** Homogeneização cultural, no caso, com ênfase na propagação da cultura dos Estados Unidos.
5. **Desterritorialidade:** Alteração no espaço social com a eliminação de determinadas barreiras físicas e geográficas pelo avanço dos meios de comunicação e de transportes. Perda da nação como referência, já que esta perde sua autonomia em decisões políticas e econômicas, e o surgimento de uma "consciência global".

Para Castells (2000) e Ianni (1992), há diferentes visões e interpretações sobre o conceito de **globalização**. Resumidamente, trata-se da expansão da economia capitalista em transações a nível mundial, afetando em diferentes proporções todas as regiões do globo, gerando mudanças econômicas, sociais, políticas e culturais. A globalização corresponde às relações estabelecidas entre os países em suas transações de bens, capital, tecnologias e conhecimentos. Em relação a cada país, ainda que todos participem em maior ou menor intensidade e sejam afetados pela globalização, não se encontram no mesmo patamar de integração em seu desenvolvimento econômico. É o caso dos países latino-americanos, como será demonstrado a seguir.

De acordo com Harvey (2003), em meados da década de 1970 houve uma profunda crise no sistema capitalista, que levou à sua reformulação com o objetivo de manter sua acumulação. Houve a crise fiscal dos Estados Unidos, cujas políticas estatais se viram incapacitadas de equilibrar os gastos públicos com o gerenciamento das taxas de lucro e o escoamento da alta produtividade – o que gerou inflação. Esse quadro foi agravado pelo aumento do preço do petróleo em virtude do embargo imposto por alguns países árabes exportadores do produto. Além disso, havia a necessidade de competição com as economias emergentes do Japão e da Alemanha. Alguns países da AL aderiram à política de substituição de importações e também houve o crescimento dos mercados asiáticos (Castells, 2000).

Era necessário flexibilizar o sistema, reestruturar a força de trabalho, inovando a tecnologia e os produtos, dispersando geograficamente a produção e buscando novos nichos de mercado. Houve uma mudança no papel do Estado, que passou a adotar políticas neoliberais e o crescimento do poder do capital financeiro (Castells, 2000). Como consequência dessas transformações, entramos então em um período de oscilações e incertezas, com mudanças no trabalho e na vida social e política.

Segundo Corsi (2008), a AL, que desde a década de 1930 vinha adotando políticas de industrialização fomentadas pelo Estado, iniciou sua abertura para empresas de capital estrangeiro na década de

1970. As estratégias desenvolvimentistas que vinham sendo implementadas até então não foram capazes de solucionar problemas como as desigualdades sociais e a dependência de investimentos e tecnologias dos países desenvolvidos. Nos anos 1980, os países latino-americanos apresentavam baixo crescimento econômico, enorme dívida externa e pública e altos índices de inflação. As mudanças já em curso nos países centrais, que resultaram no fenômeno da globalização, a partir da década de 1980 atingiram a região, que não estava em condições de enfrentá-las.

Os países latino-americanos passaram a adotar políticas neoliberais[1], que resultaram em um aprofundamento de seus problemas estruturais: seus custos salariais eram maiores que os do leste asiático, dificultando a competição com seus produtos; não tinham como competir com os produtos dos países centrais, de alta tecnologia e trabalho qualificado; as empresas nacionais e transnacionais atendiam ao mercado interno e tinham tecnologia obsoleta; suas economias estavam vulneráveis a uma rápida abertura econômica, justamente o que foi proposto pelos governos então eleitos na região (Corsi, 2008).

Dessa forma, a AL inseriu-se de maneira passiva no novo padrão de economia global, sem modificar o papel que ocupava anteriormente na divisão internacional do trabalho, seguindo como fornecedora de produtos primários e manufaturados de baixo valor agregado. Ainda de acordo com Corsi (2008), a região passou a receber fluxos crescentes de capitais, principalmente de investimentos voltados à participação nos processos de privatização de empresas estatais. Tais fluxos resultaram na elevação das reservas, mas não em empregos, em incrementos na capacidade produtiva e em inovação tecnológica.

---

1 *Com exceção do Chile e da Argentina. O primeiro aderiu ao neoliberalismo em 1973, e o segundo, em 1976, após os golpes militares sofridos nesses países.*

Brasil, Argentina e México conseguiram conter os processos inflacionários, mas aumentaram suas dívidas públicas e externas.

A partir de 2003, houve uma retomada do crescimento, devido ao favorável cenário econômico mundial e às mudanças das políticas de Estado, que contiveram o avanço do neoliberalismo. No entanto, ainda se observa uma inserção predominantemente financeira no mercado globalizado e o aprofundamento na especialização da produção de matérias-primas e bens manufaturados de baixo valor agregado (Corsi, 2008).

Diferentemente dos jargões contidos nos discursos da globalização, de que ela consistiria em trocas comerciais voluntárias e vantajosas entre as nações, o que se viu foi o acirramento da competitividade.

Em virtude da crise econômica nos anos 1970, quatro foram os caminhos para aumentar os lucros (a curto e a longo prazo):

1. reduzir custos de produção;
2. aumentar a produtividade;
3. ampliar o mercado;
4. acelerar o giro de capital.

O desafio, então, era encontrar novos mercados para absorver a crescente capacidade de produção de bens e serviços. Assim, "para abrir novos mercados, conectando valiosos segmentos de mercado de cada país a uma rede global, o capital necessitou de extrema mobilidade, e as empresas precisaram de uma capacidade de informação extremamente maior" (Castells, 2000, p. 104).

Devido ao alcance global, grandes empresas aumentaram sua lucratividade, o que gerou novas disputas e assimetrias no mercado internacional. Para Castells (2000), o fenômeno da globalização acirrou a competitividade não só entre as empresas, mas entre os países, forçando os Estados nacionais a fortalecerem suas economias para adquirirem condições de barganha nesse sistema interdependente. Governos passaram a investir ou aumentaram seus investimentos em programas de inovação tecnológica e reestruturação produtiva, induzindo ou apoiando esses processos. Como exemplo desse desenvolvimento impulsionado pelo Estado, Castells (2000) cita o crescimento econômico dos países da região do Pacífico Asiático: Japão, Tigres Asiáticos e China. No entanto, no caso da AL, a desregulamentação e a privatização abriram a possibilidade de investimentos estrangeiros, mas deixaram suas economias vulneráveis às flutuações do mercado.

A competitividade entre as empresas levou à busca constante por inovação de produtos e de mercados, com investimento cada vez maior em informação e tecnologia de ponta. Para evitar a bancarrota, cresceram as aquisições e fusões empresariais, formando novos conglomerados, monopólios e oligopólios. A formação de megacorporações e o aumento do poder do capital financeiro que testemunhamos nas últimas décadas ocorreram pela reorientação do Estado, que, ao adotar medidas neoliberais, desregulamentou os fluxos financeiros internacionais e abriu os mercados. Essas medidas ampliaram as desigualdades, como será detalhado no próximo capítulo.

Com as inovações tecnológicas e os novos métodos de gestão da produção, reduziram-se os empregos na indústria, mas ocorreu um aumento no setor de serviços. A economia industrial também se modificou, tornando-se informatizada e globalizada. Alguns setores industriais cresceram, como o da microeletrônica, outros desapareceram, além de que as trajetórias de desenvolvimento são diferentes entre os países. Enquanto alguns fortaleceram suas economias, seguindo ou tornando-se exportadores de produtos e tecnologia, outros (principalmente os subdesenvolvidos) seguiram como importadores e tornaram-se ainda mais vulneráveis. Nos países periféricos prevalecem setores tecnologicamente arcaicos, com mão de obra barata e intensiva, que em muitas ocasiões constituem-se elos de cadeias produtivas das corporações globalizadas (Castells, 2000).

Síntese

A modernidade como projeto de libertação humana pela primazia dada ao uso da razão foi e ainda é um processo inacabado. Essa visão de mundo colaborou para a ação colonialista da Europa em diversas partes do mundo, justificando sua dominação. A vida moderna, especialmente nos grandes centros urbanos, tem criado mais dúvidas e insegurança do que certezas. As políticas de modernização adotadas na AL não a retiraram de seu "atraso" econômico e tecnológico – no sentido da dependência externa e social –, já que permaneceram as desigualdades. A globalização veio para acirrar a competitividade entre os países, gerar novas desigualdades e aprofundar as já existentes. Os países latino-americanos, por sua vez, inseriram-se na economia global de forma desvantajosa e sem romper com sua histórica posição na divisão internacional do trabalho.

Indicações culturais

Documentário
NOSSOS amigos do banco. Direção: Peter Chappell. França, 1997. 84 min.

A dívida dos países do Hemisfério Sul estaria nas mãos de uma instituição financeira. O documentário retrata as negociações entre o Banco Mundial e Uganda, país altamente endividado, revelando os mecanismos de tomada de decisão e a interferência de instituições como o Banco Mundial e o FMI em países subdesenvolvidos.

Filme

CRASH: no limite. Direção: Paul Haggis. EUA, 2004. 113 min.

O filme retrata os conflitos e as tensões raciais que emergem após uma série de acontecimentos inter-relacionados envolvendo habitantes de Los Angeles. Os estereótipos criados em nossa sociedade sobre diferentes comunidades étnicas são expostos após uma situação de violência urbana, afetando todos os envolvidos.

Livro

SANTOS, M. **Por uma outra globalização:** do pensamento único à consciência universal. São Paulo: Record, 2000.

O geógrafo Milton Santos defende que é preciso a construção de uma análise multidisciplinar que desvende a ideologia na produção dos discursos, mostrando seus limites perante a realidade dos países do "terceiro mundo". Em plena era da globalização, a informação e as riquezas são aproveitadas por um pequeno número de agentes globais que as utilizam em benefício próprio, enquanto a maioria empobrece. A proposta dessa obra de Santos é a da construção de um novo universalismo, menos excludente.

Atividades de autoavaliação

1. São as principais características da modernidade:
    a) A afirmação da racionalidade e da autonomia humana.
    b) A defesa dos regimes absolutistas e o feudalismo.
    c) As crenças religiosas e o Renascimento cultural.
    d) A obediência às leis da natureza e o respeito à diversidade cultural.
    e) O desenvolvimento científico e os regimes monárquicos.

2. Sobre a expansão europeia na modernidade, assinale a alternativa **incorreta**:
   a) A ideia de modernização constitui-se em um pretexto para o exercício do poder pelo colonialismo.
   b) A noção de que existia uma raça superior foi uma justificativa "científica" para o domínio de outros povos.
   c) Foi um projeto marcado pela violência e pela imposição da cultura europeia.
   d) Os povos colonizados não ofereceram resistência ao projeto civilizador.
   e) *Modernizar-se* adquiriu o sentido de "desenvolver-se" até atingir o patamar europeu.

3. Em relação às contradições da modernização, assinale com V (verdadeira) e F (falsa) as sentenças a seguir.
   ( ) Os avanços científicos e tecnológicos representaram somente conquistas positivas para a humanidade.
   ( ) Testemunha-se como a racionalidade instrumental pode chegar a extremos como o nazismo.
   ( ) A modernidade, apoiada na racionalidade, trouxe aos seres humanos a sensação de segurança diante da vida.
   ( ) Os movimentos das minorias são amplamente aceitos nas sociedades, pois mudanças nas tradições é comum ao pensamento moderno.

   Agora, assinale a alternativa que apresenta a sequência correta:
   a) V, V, V, F.
   b) F, F, V, V.
   c) V, F, V, F.
   d) V, V, F, F.
   e) F, V, F, F.

4. Assinale a alternativa que aponta aspectos que **não** se relacionam ao conceito de globalização:
   a) A revolução informacional e o advento da internet.
   b) A sensação de diminuição das fronteiras territoriais.
   c) A internacionalização do capitalismo.
   d) O multiculturalismo e também seu oposto, com a crescente ocidentalização das culturas em seus hábitos de consumo.
   e) O protecionismo comercial e a estatização de empresas.

5. Em relação à inserção da América Latina no mercado globalizado, assinale a alternativa correta:
   a) Os países latino-americanos diversificaram suas atividades produtivas, alcançando posição de destaque no cenário internacional.
   b) Os Estados constituíram-se em indutores do desenvolvimento tecnológico, colocando a região em posição semelhante à dos Tigres Asiáticos.
   c) A América Latina fortaleceu suas economias diante do novo cenário.
   d) Os países latino-americanos encontravam-se em crise nos anos de 1980 e a abertura econômica colocou-os em posição ainda mais fragilizada.
   e) A globalização não afetou o modo de condução das políticas econômicas dos Estados latino-americanos.

Atividades de aprendizagem

Questões para reflexão

1. Comente sobre a irracionalidade contida no projeto da modernidade.

2. Explique a relação da globalização com o advento do neoliberalismo.

3. Por que podemos afirmar que, apesar das mudanças engendradas pelo fenômeno da globalização, o Brasil não modificou sua estrutura socioeconômica nem sua posição no mercado internacional?

Atividade aplicada: prática

1. Assista a *Crash: no limite*, reflita sobre os conflitos étnicos ali abordados e produza um quadro comparativo entre as situações de racismo, preconceito e desigualdade retratadas no filme e as que ocorrem no Brasil.

    CRASH: no limite. Direção: Paul Haggis. EUA, 2004. 113 min.

Capítulo 6

O neoliberalismo e sua
influência no Brasil e na
América Latina

Começamos a estudar o neoliberalismo no capítulo anterior. Vimos que ele se caracteriza por uma reorientação do modo de atuação do Estado nos países capitalistas centrais a partir de meados da década de 1970. A crise estrutural do capital impôs a reestruturação da produção e da economia e a mudança no papel do Estado, que foram levadas a cabo nos governos de Margaret Thatcher (Reino Unido) e Ronald Reagan (Estados Unidos) nos anos 1980 e adotadas nos países latino-americanos na década posterior, após o Consenso de Washington. Entre seus aspectos estão a abertura dos mercados, as privatizações, a redução dos investimentos públicos em políticas de pleno emprego e seguridade social, entre outros.

Como vimos ao final do Capítulo 5, tais iniciativas agravaram as desigualdades sociais, principalmente nos países subdesenvolvidos. Neste último capítulo, pretendemos expandir essa discussão, analisando o neoliberalismo e a realidade brasileira, o Estado de bem-estar social, assim como o Estado mínimo e seus reflexos sociais.

(6.1)
Neoliberalismo no Brasil

Podemos abrir a discussão sobre o neoliberalismo no Brasil utilizando uma fala de Castel (1998, p. 163), quando ele diz que "a precariedade refere-se a uma situação geral de escassez, insuficiência, desestabilização, falta de reconhecimento e apreço social e corresponde a certo 'modo de vida' caracterizado pela falta de condições mínimas, que permitam ao ser humano ser um sujeito individualmente ativo".

Sem adentrarmos pela história mais remota, interessa-nos aqui delinear brevemente o Brasil contemporâneo. Sabemos que o Estado brasileiro oscilou entre momentos democráticos e de ditaduras, sendo, contudo, as experiências com a democracia ainda pouco consolidadas.

A cidadania brasileira passou a ser construída com mais vigor a partir de 1985, com o fim da ditadura e a redemocratização do país. Nesse curso histórico, a Constituição de 1988 representou um importante marco histórico na luta social e na participação dos movimentos sociais pela consolidação dos direitos e da proteção social ampla e universal (Araújo; Bridi; Motim, 2011).

Em meio à crise econômica que atingiu o Brasil a partir da década de 1990, os investimentos e gastos sociais do Estado brasileiro diminuíram. É nesse contexto que tomaram forma as políticas neoliberais, fazendo com que o Estado passasse a reorientar sua atuação, favorecendo muito mais a abertura econômica e a ampliação dos mercados, com a consequente diminuição de sua intervenção.

Estrategicamente, essas medidas solaparam o fortalecimento da indústria nacional e colocaram a economia do país sob forte influência do capital internacional, uma vez que a inserção brasileira no processo de globalização econômica iria acontecer de maneira subalterna aos interesses das economias centrais do mundo capitalista. Para Silva (1997), a "ofensiva neoliberal" representa uma estratégia imperialista com objetivos determinados em toda a América Latina (AL). Tais objetivos são precedidos, via de regra, pelas missões do Banco Mundial (BM), Banco Interamericano de Desenvolvimento (Bird), Fundo Monetário Internacional (FMI) e outras instituições multilaterais que representam o braço financeiro e estratégico das potências econômicas. Cumpre citar como exemplo histórico e emblemático o ponto principal do documento que ficou conhecido como *Consenso de Washington*.

> **Preste atenção!**
>
> A concepção de *imperialismo* a que fazemos referência deve-se à conceituação dada por Lênin (2008, p. 90) e que encontra-se atualizada, em seus termos, caracterizando-se em cinco pontos:
>
> 1. "a concentração da produção e do capital levada a um grau tão elevado de desenvolvimento que criou os monopólios [...];
> 2. a fusão do capital bancário com o capital industrial e a criação, baseada nesse "capital financeiro", da oligarquia financeira;
> 3. a exportação de capitais, diferentemente da exportação de mercadorias, adquire uma importância particularmente grande;
> 4. a formação de associações internacionais monopolistas de capitalistas, que partilham o mundo entre si, e
> 5. o termo da partilha territorial do mundo entre as potências capitalistas mais importantes".
>
> Essa definição compreenderia o principal, pois, por um lado, o capital financeiro é o capital bancário de alguns grandes bancos monopolistas fundido com o capital das associações monopolistas de indústrias; por outro lado, a partilha do mundo é a transição da política colonial que se estende sem obstáculos às regiões ainda não apropriadas por nenhuma potência capitalista para a política colonial de posse monopolista dos territórios do globo já inteiramente repartido.

Negrão (1996, p. 31) adverte que, em 1989, os governos de Reagan, nos Estados Unidos, e de Thatcher, na Inglaterra, representaram a expressão máxima das proposições neoliberais. Algo que tomou forma na reunião que aconteceu em Washington, nos Estados Unidos, em que foram *convocados pelo Institute for International Economics, entidade de caráter privado, diversos economistas latino-americanos de perfil liberal, funcionários do Fundo Monetário Internacional (FMI), Banco Mundial e Banco Interamericano de Desenvolvimento (BID) e do governo norte-americano. O tema do encontro, Latin American Adjustment: How Much has Happened?, visava avaliar as reformas econômicas em curso no âmbito da América Latina. John Willianson, economista inglês e diretor do instituto promotor do encontro, foi quem alinhavou os dez pontos tidos como consensuais entre os participantes. E quem cunhou a expressão "Consenso de Washington", através da qual ficaram conhecidas as conclusões daquele encontro.* (Negrão, 1996, p. 31, grifo nosso)

As regras ou preceitos estabelecidos foram:

1. *Disciplina fiscal, através da qual o Estado deve limitar seus gastos à arrecadação, eliminando o déficit público;*
2. *Focalização dos gastos públicos em educação, saúde e infraestrutura;*
3. *Reforma tributária que amplie a base sobre a qual incide a carga tributária, com maior peso nos impostos indiretos e menor progressividade nos impostos diretos, Liberalização financeira, com o fim de restrições que impeçam instituições financeiras internacionais de atuar em igualdade com as nacionais e o afastamento do Estado do setor;*
4. *Taxa de câmbio competitiva;*
5. *Liberalização do comércio exterior, com redução de alíquotas de importação e estímulos à exportação, visando a impulsionar a globalização da economia;*
6. *Eliminação de restrições ao capital externo, emitindo investimento direto estrangeiro;*

7. *Privatização, com a venda de empresas estatais;*
8. *Desregulação, com redução da legislação de controle do processo econômico e das relações trabalhistas;*
9. *Propriedade intelectual.* (Negrão, 1996, p. 31)

Esse documento, justificado inicialmente como um estudo acadêmico, tornou-se, na prática, um conjunto de estratégias, uma agenda com diretrizes orientadoras das reformas exigidas e implementadas em toda a AL.

Em relação a esse contexto histórico, o Estado brasileiro, após a década de 1990, sofreu o peso da crise econômica mundial. Nesse panorama, a influência das políticas de viés neoliberal inseriu a economia nacional naquilo que Harvey (2003) denominou **regime de acumulação flexível**, que seria

> *um confronto direto com a rigidez do fordismo. [...] se apoia na flexibilidade dos processos de trabalho, dos mercados de trabalho, dos produtos de consumo. Caracteriza-se pelo surgimento de setores de produção inteiramente novos, novas maneiras de fornecimento de serviços financeiros, novos mercados e, sobretudo, taxas altamente intensificadas de inovação comercial, tecnológica e organizacional. A acumulação flexível envolve rápidas mudanças dos padrões de desenvolvimento desigual, tanto entre setores, como regiões geográficas, criando, por exemplo, um vasto movimento no emprego no chamado "setor de serviços", bem como conjuntos industriais completamente novos em regiões então subdesenvolvidas.* (Harvey, 2003, p. 31)

Antes da crise do capitalismo, o regime de acumulação fordista/taylorista floresceu. Conforme assinala Harvey (2003), ocorreu uma aproximação entre economia e política, fazendo surgir o Estado de bem-estar social, o que se traduziu no aumento da produtividade e na necessidade de promover o aumento da demanda no consumo por meio do pleno emprego. Com mais renda, direitos sociais e acesso ao consumo, elevam-se as condições de vida dos trabalhadores, fazendo arrefecer a luta de classes e, de certa forma, impedindo maiores aproximações da classe operária com as proposições comunistas (Hobsbawm, 1994). Para Antunes (1994), esse esquema funcionou durante certo tempo como um artifício justificador da organização do trabalho e da vida sobre o metabolismo social do capital, mediado pela intervenção do Estado.

Vale lembrar que as mudanças ocorridas no sistema capitalista ao longo do século XX confirmaram as previsões clássicas de Marx (1984) sobre a tendência histórica na diminuição na taxa de acumulação do capital. Apesar das inúmeras crises que marcaram a economia capitalista, é notória a capacidade de utilizar o aparato técnico e ideológico para incrementar a produção e evitar a bancarrota total. As crises cíclicas e os novos rearranjos do capitalismo indicam o quanto as relações de produção podem ser dinâmicas e elásticas.

Nesse ponto, caberia indicar a síntese esquemática de Araújo, Bridi e Motim (2011) em relação às diferenças e às atribuições que demarcam a esfera e à atuação do Estado-nação e do Estado neoliberal, a qual consta no quadro a seguir.

Quadro 6.1 – Características do neoliberalismo

Dimensões	Estado-nação	Estado neoliberal
Jurídica	• Manutenção da ordem social • Fonte de legalidade • Contrato social	• Legalidade/aparato repressivo e policial • Precariedade do contrato social
Política	• Defesa • Soberania/território/relações externas • Governabilidade	• Mudança no referencial de defesa e de soberania (com restrições à migração de trabalhadores, às políticas de incentivos ao capital internacional etc.) • O senso de Estado se desloca para nova estrutura de poder: mercado • Governabilidade ligada à nova ordem mundial (relacionada a organismos econômicos e políticos mundiais) • Poder supranacional • Poder das transnacionais e das grandes corporações
Econômica	• Regulação das políticas cambiais, administração das dívidas interna e externa, agenciamento de políticas para o comércio externo • Regulação das relações de trabalho e capital • Financiamento e administração de setores estratégicos, como pesquisas tecnologias, energia, transporte, comunicação etc.	• Relações econômicas pela transnacionalização do capital • Flexibilização das relações de trabalho • Privatizações • Aberturas de mercados • Desregulamentação de mercados e do trabalho • Redução de impostos

(continua)

(Quadro 6.1 – conclusão)

Dimensões	Estado-nação	Estado neoliberal
Social	• Pleno emprego • Garantias e proteção ao cidadão por meio de políticas públicas para saúde, moradia, educação, previdência, seguro-desemprego entre outras • Mediação das relações de cidadania	• Tendência a deixar de ser provedor de serviços à população • Restrição de políticas públicas • Privatização de serviços públicos • Confusão entre esferas públicas e estatais • Perda da noção de coletivo, de comunidade, do bem comum • Ausência de políticas de emprego

Fonte: Elaborado com base em Araújo; Bridi; Motim, 2011.

As diferenças trazidas no quadro caracterizam, em parte, a conjuntura mundial, diante da qual, segundo Anderson (1995), a ideologia neoliberal articulou seu discurso, culpando o Estado de bem-estar social pela recessão e pela crise do emprego. Esse discurso, ao se materializar num realinhamento da atuação do Estado menos intervencionista, favoreceu a reorganização da produção econômica com base nos avanços técnicos e científicos. A propagação de novos valores e comportamentos ajudou a criar uma nova cultura social capaz de convencer os trabalhadores a aceitarem sacrifícios para o bem comum de toda sociedade.

(6.2)
O Estado de bem-estar social

A necessidade intrínseca de acumulação do capital exige a implementação de novas relações produtivas, o que provoca o desgaste do paradigma fordista/taylorista e do *welfare state* (Estado de bem-estar social). No limite, as conquistas alcançadas nos anos dourados, em termos de direitos sociais e trabalhistas, tornaram-se empecilhos a serem superados no sentido de fortalecer o poder do capital diante da organização dos trabalhadores, o que representa um movimento de retomada da hegemonia da burguesia mundial em relação aos direitos conquistados pelos trabalhadores na Europa e nos Estados Unidos, evitando, assim, que o Estado de bem-estar social pudesse acontecer nos países da América Latina (AL) (Anderson, 1995).

> **Preste atenção!**
>
> A expressão *anos dourados* foi cunhada em referência ao período de 1945 a 1970, nos quais houve forte intervenção do Estado, favorecendo a redistribuição de renda, ampliando gastos sociais com saúde, educação e previdência. Segundo Singer (1987, p. 56),
>
>> *a ampla presença do Estado como regulador e como empresário, na economia, foi uma herança da luta contra a depressão, nos anos 30, e do planejamento bélico, na primeira metade dos anos 40. Entre os anos de 1945 a 1970, tornaram-se praxe políticas de apoio ao investimento, como, por exemplo, crédito abundante a juros baixos, fomento público de certas atividades, consideradas prioritárias.*
>
> Foi esse tipo de ação de Estados capitalistas que possibilitou o crescimento das empresas multinacionais, como também foi um dos principais fatores de sustentação da longa prosperidade no período do pós-guerra.

Nesse contexto, o discurso proferido é sempre o da modernização, do avanço, do desenvolvimento e da defesa da democracia liberal. Contudo, são discursos que soam discrepantes e ideológicos, uma vez que na prática foram adotadas medidas de diminuição do Estado, desregulamentação da economia e flexibilização em diversos níveis e áreas.

No entendimento de Gentili (1996, p. 244), as mudanças ocorridas tiveram como mola propulsora teses neoliberais que atingiram a educação, ao lançar mão de um conjunto de medidas de estratégias privatizantes

> mediante a aplicação de uma política de descentralização autoritária e, ao mesmo tempo, mediante uma política de reforma cultural que pretende apagar do horizonte ideológico de nossas sociedades a possibilidade mesma de uma educação democrática, pública e de qualidade para as massas. Uma política de reforma cultural que, em suma, pretende negar e dissolver a existência mesma do direito à educação.

Ao estudar as mudanças sócio-históricas na sociedade brasileira, o autor ressalta o agravamento das condições sociais da classe trabalhadora, as privatizações, as mudanças constitucionais que colocaram o Brasil numa condição de subserviência ao capital internacional. No campo educacional, "as reformas curriculares e as políticas oficiais foram marcadas por uma preocupação unilateral em atender às exigências do mercado interno com foco na formação profissional" (Gentili, 1996, p. 16).

Cabe, ainda, observar que essas políticas tiveram conotações diferenciadas em relação às características próprias dos países que as desenvolveram. Tratando-se de países periféricos com economias emergentes, os efeitos foram mais prejudiciais sobre os empregos e a renda dos trabalhadores. Isso ocorreu principalmente em função das pressões internacionais pela abertura dos mercados e da desregulamentação da economia, fragilizando o desenvolvimento por longos períodos de recessão.

Em face da crise, a saída foi oferecida por organismos como o Fundo Monetário Internacional (FMI), ao propor como alternativa o endividamento dos países subdesenvolvidos. Estabeleceu-se uma relação de dependência altamente favorável ao aumento de capitais via juros dos países credores. No caso brasileiro, não se fugiu à regra, pois os empréstimos concedidos pelas instituições financeiras internacionais foram condicionados à adoção de um ajuste no comportamento gerencial do Estado. Houve a adoção de programas de estabilização da economia por parte do governo, o que previu reformas e medidas legislativas, conforme as exigências dos credores.

Essas práticas formam a agenda das economias centrais, que lideram a economia capitalista no mundo e que integram o grupo de países conhecidos como G20.

> **Preste atenção!**
>
> Criado em 1999, o G20 é um grupo formado por ministros de finanças e representantes de bancos centrais das 19 maiores economias capitalistas mundiais mais a União Europeia.

As ações desses países visam disciplinar os países em desenvolvimento, considerados de economia periférica – como é o caso do Brasil –, impondo uma condição de subserviência na divisão internacional do trabalho (Ianni, 1997).

Ao analisar as iniciativas de algumas dessas economias pelo mundo, Chesnais (1996) afirma que os fluxos de capitais direcionados à AL têm foco especulativo. Os chamados *investidores* não aceitam assumir compromisso mais duradouro com os países que remuneram seu dinheiro, deixando as economias desses países vulneráveis a crises econômicas e ataques de especulação. Outro aspecto problemático é condicionar a entrada desse dinheiro estrangeiro a direcionamentos coercitivos para obtenção de empréstimos.

Na prática, esses capitais servem muito mais aos interesses dos "investidores" do que ao financiamento do aumento da capacidade industrial e produtiva dos países em desenvolvimento. Predominam os interesses de conformação das políticas nacionais para a indústria e o comércio ao ideário neoliberal.

(6.3)
IMPLICAÇÕES DAS POLÍTICAS NEOLIBERAIS PARA A EDUCAÇÃO

O mundo se tornou uma grande "aldeia global", e o caminho pelo qual enveredaram as nações ocidentais foi o da globalização econômica (Ianni, 1997). Esse movimento histórico segue principalmente a maximização de lucros, a eficiência e a eficácia na produtividade em todos os setores da sociedade. A esfera da educação como parte integrante da sociedade também sofre essa interferência. Cabe refletir de que modo essa política interfere na educação, questão que trataremos a seguir.

O breve retrospecto histórico que fizemos até aqui nos forneceu elementos para situar o campo da educação, mas, sobretudo, o do trabalho docente no bojo das políticas neoliberais. Essa contextualização nos possibilita dimensionar os efeitos das políticas neoliberais sobre forma de organização de trabalho nas escolas, além de nos permitir observar as implicações que essas condições de trabalho terão na subjetividade dos docentes.

Relembrando, as transformações ocorridas na economia nacional a partir do fim do século XX propiciaram processos de precarização do trabalho em diversos níveis, com efeitos sobre a Administração Pública e implicações sobre o trabalho docente. Inserida nessa conjuntura, a realidade de trabalho dos professores passou por novos arranjos sociais e econômicos.

Na esteira do que pontua José Carlos Libâneo (2012), é preciso reconhecer que o conjunto das políticas adotadas pelo Estado brasileiro a partir da década de 1990 afetou a totalidade dos seus serviços, sendo que as medidas neoliberais reduziram a educação ao estatuto de mercadoria. Nessa condição, conforme Libâneo (2012, p. 23), citando Bernard Charlot, o homem encontra-se ameaçado

> "*em seu universalismo humano, em sua diferença cultural e em sua construção como sujeito*". *Com isso, Charlot ressalta, aumentam os índices de escolaridade, mas se agravam as desigualdades sociais de acesso ao saber, pois à escola pública é atribuída a função de incluir populações excluídas ou marginalizadas pela lógica neoliberal, sem que os governos lhe disponibilizem investimentos suficientes, bons professores e inovações pedagógicas.*

Nessa ótica, fica evidenciado que a Administração Pública é tendencialmente neoliberal, o que concretamente provocou precarização do trabalho docente de modo generalizado, atingindo diferentes níveis de ensino.

Diversas pesquisas (Carvalho, 2003; Codo, 1999; Delcor, 2003; Neves, 1999; Zacchi, 2004; Nunes, 1999) apontam para relações entre o trabalho precário e o bem-estar físico e mental dos professores. Esses estudos indicam que as condições de trabalho afetam tanto docentes do setor privado quanto do público, ocorrendo em diferentes níveis de ensino.

Carvalho (2003) faz uma extensa pesquisa sobre professores que sofrem da síndrome de *burnout* – uma doença que afeta diferentes categorias de trabalhadores e se caracteriza pelo esgotamento físico e mental em função das condições e relações de trabalho –, mostrando os fatores que contribuem para o adoecimento. A partir de um estudo comparativo envolvendo outros países, o autor constata que esse problema tem características de uma epidemia mundial que vem afetando progressivamente a categoria docente. Com um foco psicossocial, a pesquisa identifica o ambiente laboral como uma das principais causas dessa doença.

O estudo de Carvalho (2003) reforça que o ambiente de trabalho, as condições e as relações de trabalho trazem efeitos negativos sobre a saúde dos professores.

Na mesma direção aponta Delcor (2003), ao afirmar que as condições de trabalho exercem uma influência direta na vida social e na saúde dos professores. Ao pesquisar os docentes da educação básica da rede particular na cidade de Vitória da Conquista, no Estado da Bahia, a autora mostra algumas relações que nos ajudam a entender melhor o que se passa nas escolas, como o ambiente de trabalho, a falta de reconhecimento, o desprestígio e a geração de estresse.

Delcor (2003) indica, ainda, outros fatores, como pressão no trabalho, exigência de adaptação dos docentes às mudanças e o uso de tecnologias – ou seja, as novas demandas que a escola vai assumindo contribuem enormemente para o padecimento dos professores. Em suma, são pesquisas que identificam como pano de fundo as reformas neoliberais que atingiram a educação, as quais geraram agravamento das condições de trabalho nas escolas.

Além disso, o estudo de Delcor (2003) identificou que em muitas instituições de ensino os professores são submetidos a cobranças por resultados, gerando um forte grau de estresse. Como resultado, a autora registra a presença de graves transtornos orgânicos, como "hipertensão, enfermidade coronária, enxaqueca, úlceras gástricas, asma etc. O estresse pode conduzir também à depressão e ansiedade. Uma pesquisa nos Estados Unidos indicou que 23% dos professores que pediam licença por enfermidade indicavam o estresse ou a tensão como fator contribuinte" (Delcor, 2003, p. 27).

Em pesquisa realizada por Neves (1999), a relação entre trabalho e subjetividade docente foi analisada com base no contexto das transformações históricas que afetaram a educação e o funcionamento das escolas públicas brasileiras. Essa autora relaciona o mal-estar docente como fenômeno decorrente da progressiva desvalorização e do desprestígio social da carreira no magistério.

O foco dessa autora se dirige à relação entre a situação de trabalho e a saúde mental das professoras primárias no município de João Pessoa, no Estado da Paraíba. Em sua análise, ela busca identificar as vivências de prazer e de sofrimento e as relações intersubjetivas mediadas pelo trabalho. A autora registra as reações desses profissionais perante a degradação de suas condições de trabalho.

Inserida no contexto da reestruturação produtiva, a organização social do trabalho docente nas escolas recebeu inúmeras influências das novas técnicas de gestão. Existe um cenário de predominância da racionalidade econômica e dos imperativos do produtivismo que são típicos do modelo capitalista e da ideologia neoliberal, e essa lógica de produção se faz presente também na organização do sistema escolar e na forma como o trabalho das professoras pesquisadas acontece nas escolas (Neves, 1999).

São diversos os fatores que interferem no trabalho e na vida das professoras, entre eles as dificuldades com turmas numerosas, a ausência de espaço adequado para reflexão e descanso, alunos com problemas de comportamento e aprendizagem e a extensa jornada de trabalho. Trata-se, portanto, de fatores que têm levado muitas professoras à exaustão.

Segundo os dados apurados pela autora, existem formas diferentes de reação diante da realidade do trabalho precário. Algumas professoras desenvolveram formas distintas de sofrimento, o que pode incluir manifestações de choro, problemas alérgicos, voz afetada, dores musculares, dores de cabeça, problemas digestivos, cansaço excessivo, irritabilidade e perda do sono.

O sofrimento, que tem origem no trabalho, assume a forma de fadiga, desalento, sensação de abandono, frustração, depressão, impotência, insegurança e angústia, chegando ao limite de muitas docentes sentirem que podem ficar loucas. Esse quadro complexo e problemático afeta, no seu conjunto, a vida social e relacional das professoras. Afeta também sua aparência física, muitas vezes formando sua autoimagem como pessoas tristes e infelizes.

Os estudos já citados evidenciam ainda que os trabalhadores da educação estão submetidos aos efeitos do neoliberalismo, tendo em vista a adequação da organização produtiva e laboral às novas exigências do mercado.

Os traços dessa influência se revelam pelas mudanças na forma da organização social do trabalho, com a intensificação das atividades, a burocratização, a diminuição da autonomia dos docentes e, principalmente, o uso progressivo de formas de contratação flexível. Um trabalho que tem como características definidoras instabilidade contratual, falta de proteção, insegurança, rotatividade, ausência de autonomia, submissão a pressões e cobranças por resultados, rendimentos insuficientes e, em muitas situações, intensificação da sobrecarga e fragilidade social.

(6.4)
O Estado mínimo e seus reflexos sociais

A fim de delinear o contexto social mais amplo, em que estão inseridas as escolas, cabe assinalar que os reflexos dos ajustes neoliberais na economia brasileira visaram, via de regra, atender à pressão do capital internacional por novos mercados e manter a economia nacional subserviente, o que se faz possível pela diminuição da intervenção estatal no mercado.

Conforme Silva e Gentili (1999), foram implementadas ações em diversos setores da sociedade com vistas à construção hegemônica do capitalismo. Buscou-se, com isso, "um conjunto razoavelmente regular de reformas concretas no plano econômico, político, jurídico, educacional etc. [...] através de uma série de estratégias culturais orientadas a impor novos diagnósticos acerca da crise e construir novos significados sociais a partir dos quais legitimar as reformas neoliberais" (Silva; Gentili, 1999, p. 106).

Tratou-se, ainda, segundo os autores: de um ambicioso

projeto de reforma ideológica de nossas sociedades a construção e a difusão de um novo senso comum que fornece coerência, sentido e uma pretensa legitimidade às propostas de reforma impulsionadas pelo bloco dominante. [...] Os governos neoliberais não só transformam materialmente a realidade econômica, política, jurídica e social, também conseguem que esta transformação seja aceita como a única saída possível. (Silva; Gentili, 1999, p. 127)

No campo da educação, as diretrizes neoliberais implementadas principalmente no início da década de 1990 constituíram um marco histórico fundamental. Segundo assinala Silva (1994), tratou-se de um projeto, um conjunto de medidas para intervir nas políticas de Estado, estrategicamente na educação, direcionando as reformas aos interesses de mercado. O ideário neoliberal pensa a educação nas bases de uma escola dualista, cabendo à escola pública a tarefa de formar as classes trabalhadoras com vistas ao mercado de trabalho. Os arranjos pedagógicos nesse formato pretendem

fazer com que as escolas preparem melhor seus alunos para a competitividade do mercado nacional e internacional. De outro, é importante também utilizar a educação como veículo de transmissão das ideias que proclamam as excelências do livre mercado e da iniciativa. Há um esforço de alteração do currículo não apenas como objetivo de dirigi-lo a uma preparação estreita para o local de trabalho, mas também com o objetivo de preparar os estudantes para aceitar os postulados do credo liberal.
(Silva, 1994, p. 12)

> **Importante!**
> Os modelos de gestão de inspiração neoliberal tendem a favorecer os interesses do mercado e a tomar medidas de desregulamentação e flexibilização. A diminuição dos gastos sociais e de investimentos em serviços públicos, como a educação, colocou o mundo do trabalho numa situação de enfraquecimento.

O resultado dessas políticas atingiu a economia com a abertura dos mercados e favoreceu o desemprego estrutural, dado que a concepção de Estado mínimo – tese central apregoada pelos teóricos do neoliberalismo – tem caráter privatista e favorece o desmonte e o sucateamento dos serviços públicos. Em decorrência, vemos a retração de investimentos nos serviços sociais, o que inclui a educação e, consequentemente, reflete na força de trabalho, isto é, nas formas de contratação dos professores e nas suas condições e relações de trabalho.

Em paralelo às medidas de flexibilização, ocorreu a abertura de mercados. Isso trouxe problemas à economia interna, colocando o mercado nacional sob pressão, o que resultou em aumento de desemprego, fragilização dos sindicatos e estagnação de salários.

Os trabalhadores, consequentemente, ficaram na defensiva em relação ao capital. Assim,

> o resultado final foi um grande desastre. Nestes oito anos, o Brasil regrediu quase um século nas relações de trabalho. Os milhões de desempregados, de brasileiros que subsistem no mercado informal, de precarizados e dos que perderam seus parcos direitos sentiram na carne os efeitos desta política. A própria Organização Internacional do Trabalho (OIT) confirma em seus relatórios o retrocesso vivenciado no país, onde hoje predominam 'condições indecentes de trabalho'. (Pochmann; Borges, 2002, p. 10)

A análise sobre as relações entre o capitalismo e a educação coloca a escola como uma instituição inserida na sociedade, refletindo suas contradições e tensões.

Alguns elementos apontados anteriormente em relação à lógica com que se estruturam em termos sociais e econômicos podem ser esclarecidos na síntese de Gentili (1996, p. 54), quando assinala que o Estado neoliberal

> é mínimo quando deve financiar a escola pública e máximo quando define de forma centralizada o conhecimento oficial que deve circular pelos estabelecimentos educacionais, quando estabelece mecanismos verticalizados e antidemocráticos de avaliação do sistema e quando retira autonomia pedagógica às instituições e aos atores coletivos da escola, entre eles, principalmente, aos professores. Centralização e descentralização são as duas faces de uma mesma moeda: a dinâmica autoritária que caracteriza as reformas educacionais implementadas pelos governos neoliberais.

O campo educacional vem sofrendo as pressões dos interesses do mercado, com reflexos nas políticas de Estado. Foram muitas as interferências que levaram o trabalho dos professores a atender novas exigências e demandas sociais, provocadas, em grande medida, pela força e pela frequência com que a dinâmica econômica afeta a sociedade e suas instituições (Fontana; Tumolo, 2008).

Libâneo, Oliveira e Mirza (2003) destacam a presença da ideologia neoliberal e suas interferências na educação. Nesse sentido, os autores apresentam alguns aspectos que revelam o teor e o alcance das interferências das políticas neoliberais na educação em nível global. Quais sejam:

- elaboração e adoção de mecanismos para flexibilizar e diversificar os sistemas de ensino nas escolas;
- eficiência administrativa e pedagógica para atender às necessidades básicas de aprendizagem;
- avaliação de resultados nas escolas, tanto de alunos quanto de professores;
- estabelecimento de *rankings* dos sistemas de ensino, abrangendo escolas públicas e privadas;
- incremento da competição entre as escolas, orientando os pais a escolher as melhores;
- adoção de programas de qualidade na gestão das escolas;
- priorização das habilidades linguísticas e matemáticas, inovação no treinamento e qualificação dos professores com plataformas de ensino a distância;
- descentralização administrativa e do financiamento;
- repasse de verbas com base em resultados;
- valorização e apoio à iniciativa privada; criação de parcerias público-privadas;
- delegação das funções de Estado para a comunidade local.

No contexto analisado pelos autores, concordamos que se trata de medidas neoliberais em função do seu escopo, as quais visam à adequação técnica e gerencial dos recursos e à desresponsabilização do Estado como principal agente e promotor da educação como direito social. Trata-se de uma conjuntura que enseja maior participação da iniciativa privada tanto na captação de recursos quanto na exploração mercadológica da educação.

> *Em relação à realidade educacional brasileira, podemos destacar: priorização do Ensino Fundamental como responsabilidade dos Estados e Municípios, ficando a educação infantil a cargo dos municípios; predominância da formação profissionalizante em detrimento de uma educação mais geral. É o caso do Ensino Médio profissionalizante; aprovação progressiva com agravante para qualidade. Contraditoriamente, ocorreu a descentralização dos recursos para educação, mas a avaliação, a política curricular, os programas, as diretrizes de orientação, controle e fiscalização dos sistemas de ensino e das escolas são rígidos e centralizados. Busca-se maior produtividade e eficiência de resultados em detrimento da formação crítica, aumento do mercado privado de educação, adoção de parcerias com a sociedade cível (OLIVEIRA, 2003; FONTANA, 2005).* (Nauroski, 2014, p. 117)

Além dos aspectos indicados anteriormente, o ideário neoliberal aplicado à educação tem a marca da massificação, nem sempre acompanhada de progressiva qualidade, ampliação do mercado privado na educação, formação de grandes grupos de ensino particular, organização de fluxos e processos pedagógicos em grande escala e agravamento das condições de trabalho dos professores.

Síntese

O Estado de bem-estar social equilibrou o aumento de produtividade e a demanda no consumo por meio do pleno emprego e do acesso a direitos sociais. A crise dos anos 1970, por sua vez, marcou a troca desse regime de acumulação por outro, mais "flexível", cujas principais marcas são: Estado mínimo, desregulamentação da economia e flexibilização da produção e do trabalho. Essas transformações não foram apenas econômicas e políticas, mas também ideológicas, pois passou-se a culpar o Estado de bem-estar social pela crise. Assim, o estabelecimento de condições favoráveis ao mercado foi colocado como principal meta na agenda das políticas estatais dos países desenvolvidos e dos periféricos, por meio de organismos como FMI, Bird e Banco Mundial. Como consequência, houve uma piora nas condições de vida da classe trabalhadora, com efeitos ainda mais danosos aos países subdesenvolvidos, que nem ao menos vivenciaram o Estado de bem-estar social. Nos países da AL, além do aumento da informalidade, do desemprego e dos níveis de concentração de renda, o neoliberalismo fragilizou ainda mais suas economias e reforçou sua posição de subalternidade perante o mercado internacional. Além dos efeitos nas relações econômicas, o neoliberalismo influenciou também nas formas de organização do trabalho, inclusive dos professores. Um traço evidente dessa influência foi a precarização do trabalho docente, o que levou a situações de sofrimento e até de adoecimentos dos professores.

Indicações culturais

Documentário

CHICAGO Boys. Direção: Carola Fuentes, Rafael Valdeavellano. Chile, 2015. 96 min.

Um grupo de economistas chilenos retorna ao seu país após uma temporada na Universidade de Chicago (EUA). Influenciados pelas teorias de Milton Friedman, auxiliam o ditador Augusto Pinochet a concretizar o plano econômico que transformou o Chile numa dos países mais neoliberais do mundo. O documentário relaciona a adoção das medidas neoliberais com o período ditatorial em que foram implementadas.

Filme

SEGUNDA-FEIRA ao sol. Direção: Fernando León de Aranoa. Espanha/Itália/França, 2002. 113 min.

Uma cidade costeira da Espanha sofre com a crise financeira, tendo vários estaleiros fechados e seus trabalhadores desempregados. Estes encontram ocupações temporárias para sobreviver. Um grupo de amigos passa a se reunir com frequência em um antigo bar operário, onde compartilham suas frustrações e esperanças.

Livro

HARVEY, D. **O neoliberalismo**: história e implicações. São Paulo: Loyola, 2008.

Nessa obra, Harvey analisa a trajetória de implementação do neoliberalismo. Partindo da caracterização desse modelo econômico, o autor esmiúça os primórdios do surgimento das ideias liberais, a adesão das universidades a elas, até sua difusão ideológica nas empresas, agências econômicas e mesmo nos meios de comunicação de massa, demonstrando também suas consequências.

Atividades de autoavaliação

1. Em relação ao neoliberalismo, assinale as sentenças a seguir com V (verdadeira) ou F (falsa).
   ( ) Política econômica adotada a partir dos anos de 1970 nos países capitalistas centrais, sendo nas décadas posteriores implantada nos periféricos.
   ( ) Relaciona-se com a globalização, a abertura de mercados, a desregulamentação dos mercados financeiros e as grandes corporações.
   ( ) Caracteriza-se pela redução de investimentos públicos e privatizações.
   ( ) Defende a regulamentação da economia e das relações de trabalho pelo Estado.

   Agora, assinale a alternativa que apresenta a sequência correta:
   a) V, F, V, F.
   b) F, V, V, F.
   c) V, V, V, F.
   d) F, V, F, V.
   e) V, F, V, V.

2. Sobre o Estado de bem-estar social, é **incorreto** afirmar:
   a) Trata-se da organização política e econômica que prevaleceu nos países europeus e nos Estados Unidos no pós-Segunda Guerra, caracterizada pelo pleno emprego.

b) O Estado atua como regulador da economia e das relações entre capital e trabalho, buscando equilibrar lucratividade com melhoria das condições de vida da classe trabalhadora.
c) Os investimentos em serviços públicos e em políticas de seguridade social aumentaram os níveis de concentração de renda.
d) As políticas de emprego e ganhos salariais se refletiram no aumento da demanda por bens de consumo.
e) Combinava-se ao modelo de produção industrial taylorista/fordista de produção em massa e em série.

3. Sobre o neoliberalismo no Brasil, assinale as sentenças a seguir com V (verdadeira) ou F (falsa).
   ( ) Aumento da influência do capital internacional em detrimento da indústria nacional.
   ( ) Aumento dos investimentos públicos e gastos sociais.
   ( ) Foi implantado na década de 1990.
   ( ) Houve privatizações e agravamento das condições sociais da classe trabalhadora.

   Agora, assinale a alternativa que apresenta a sequência correta:
   a) V, V, V, V.
   b) V, F, V, V.
   c) F, F, F, F.
   d) F, V, F, V.
   e) V, V, F, F.

4. Assinale a alternativa que corresponde ao período dos "anos dourados" do capitalismo:
   a) Período em que vigorou o liberalismo econômico até a Crise de 1929.
   b) Corresponde à atual fase da globalização.
   c) Período em que vigorou a ideologia neoliberal.
   d) Corresponde aos anos de 1930 até a Segunda Guerra, com a implantação do *new deal*.
   e) Período do pós-Segunda Guerra até a década de 1970.

5. Sobre as políticas neoliberais para a educação, é correto afirmar:
   a) Priorizam a formação voltada para o conhecimento científico e a construção da cidadania.
   b) Houve um conjunto de medidas que visavam atender aos interesses do mercado e que promoviam a precarização do trabalho docente.
   c) Ocorreu significativo aumento do número de matrículas, acompanhado da melhoria na qualidade da educação.
   d) As mudanças na educação foram gestadas pelo Estado, sem influência dos organismos internacionais, como o Banco Mundial e o FMI.
   e) Houve maiores incentivos à rede pública em detrimento das escolas privadas.

Atividades de aprendizagem

Questões para reflexão

1. Aponte as características do que Harvey denominou *regime de acumulação flexível*.

2. Qual o papel de organismos como o Fundo Monetário Internacional (FMI) em relação à estagnação das economias periféricas?

3. De que forma os investimentos externos exerceram coerção sobre as políticas nacionais nos países dependentes?

Atividade aplicada: prática

1. Assista ao filme *Segunda-feira ao sol* e analise os diferentes impactos do desemprego na vida das pessoas.

Considerações finais

Ao finalizar esta obra, percebemos que o tema não se esgota, pelo contrário. Refletir sobre a realidade da América Latina (AL) em sua variedade de interpretações não é uma tarefa simples. Este livro é, na verdade, uma introdução ao pensamento social latino-americano, servindo também de guia para posterior aprofundamento das teorias e dos autores aqui referenciados. A importância dessa temática está no fato de que, como povo colonizado, a conquista da soberania também se faz por meio do pensamento e da produção de teorias próprias, que tratem de nossas especificidades. Assim, o objetivo desta obra foi o de apresentar as diferentes concepções de autores de destaque que se propuseram a estudar a AL.

Apresentamos, resumidamente, os principais fenômenos que marcaram a história da região – a chegada de espanhóis e portugueses e a posterior colonização. Buscamos enfatizar, principalmente, de que modo se deu a colonização e a independência, pois entendemos que certos fatores foram determinantes na configuração de nossa sociedade, tanto no Brasil como em outros países latino-americanos. O extermínio e o subjugo de povos indígenas, a escravidão de africanos, a submissão à metrópole, a exploração dos recursos, o comportamento das elites locais... todos esses elementos ajudaram a compor uma AL profundamente marcada por desigualdades sociais e economicamente dependente e periférica. A apenas aparente e superficial modernização produtiva, política e econômica não deu conta de transformar as antigas estruturas coloniais.

Foi justamente dessa constatação que emergiram as teorias cepalinas, cujo principal objetivo era o desenvolvimento de uma teoria própria da AL. Passados mais de 50 anos de sua fundação, publicações daquele período, como as de Raúl Prebisch, ainda fornecem, nos dias atuais, instrumental analítico para refletirmos sobre a realidade da região, como a concepção centro-periferia. Outro teórico importante é Celso Furtado, que em boa parte de sua obra e atuação política dedicou-se a propor condições de superação do subdesenvolvimento brasileiro.

Vimos, ainda, que as teorias de André Frank e Ruy Mauro Marini adaptaram o método de análise marxista para analisar a AL, resultando na constatação de que o subdesenvolvimento é produto do imperialismo e não irá ser superado enquanto a condição de dependência não for rompida por meio de um processo revolucionário. Por outro lado, a corrente weberiana, representada por Fernando Henrique Cardoso e Enzo Faletto, aposta nos elementos internos, como cultura e instituições, como fatores que levariam à mudança. Esses autores também apostavam no mercado internacional como um meio de formar parcerias que fossem vantajosas para todos.

Outro aspecto abordado possibilitou a compreensão de que o capitalismo moderno se modificou, incorporando em seu funcionamento a lógica neoliberal. Trata-se de uma doutrina que desenha um mundo com pouco espaço e dignidade para as populações mais pobres e para os trabalhadores de modo geral. A ideia que vem sendo colocada em prática com bastante fervor desde a década de 1990 é transformar direitos sociais, como saúde, educação, previdência e trabalho, em serviços a serem vendidos no mercado. Basicamente, isso seria como retirar direitos arduamente conquistados pelas lutas e mobilizações durante os processos de redemocratização da AL para limitar o acesso a esses direitos àqueles que podem pagar por eles.

No campo da educação, essa lógica de mercantilização tem se manifestado nas políticas, o que apresenta como consequência a precarização do trabalho dos professores. Com isso, temos passado pela progressiva pauperização dessa categoria.

Muitos dos assuntos e problemas apresentados neste livro merecem maiores aprofundamentos e pesquisas de ordem empírica, o que possibilitaria dimensionar com maior precisão e alcance o quanto a realidade social da AL avançou e quais são seus maiores desafios na atualidade. No entanto, apesar de ser uma obra introdutória, as teorias aqui discutidas ainda têm muito a contribuir tanto para a reflexão quanto para o desenvolvimento de propostas de políticas econômicas para a AL.

Referências

ALMEIDA, J. D. L. de. **História do Brasil**. Brasília: Funag, 2013. (Coleção Manual do Candidato).

AMORIM, R. L. C. **Teoria da dependência? A problemática hoje**. 305 f. Tese (Doutorado em Desenvolvimento Econômico) – Universidade Estadual de Campinas, Campinas, 2012.

ANDERSON, P. **A política externa norte-americana e seus teóricos**. Tradução de Georges Kormikiaris. São Paulo: Boitempo, 2015.

ANDERSON, P. Balanço do neoliberalismo. In: SADER, E.; GENTILI, P. (Org.). **Pós-neoliberalismo**: as políticas sociais e o estado democrático. São Paulo: Paz e Terra, 1995. p. 9-23.

ANNA, T. E. A independência do México e da América Central. In: BETHELL, L. (Org.). **História da América Latina**: da independência até 1870. São Paulo: Edusp, 2004. p. 73-118. v. 3.

ANTUNES, R. **Adeus ao trabalho?** Ensaio sobre as metamorfoses e a centralidade do mundo do trabalho. São Paulo: Cortez; Campinas: Ed. da Unicamp, 1994.

ARANA, M. **Bolívar**: o libertador da América. São Paulo: Três Estrelas, 2015.

ARAÚJO, S. M. de; BRIDI, M. A.; MOTIM, B. L. **Sociologia:** um olhar crítico. São Paulo: Contexto, 2011.

BAMBIRRA, V. **O capitalismo dependente latino-americano.** Tradução de Fernando Correa Prado e Marina Machado Gouvêa. Florianópolis: Insular, 2012. (Coleção Pátria Grande; Biblioteca do Pensamento Crítico Latino-Americano, v. II).

BARTOLOMÉ DE LAS CASAS, Frei. **O paraíso destruído:** a sangrenta história da conquista da América espanhola. Porto Alegre: L&PM, 1984. (Série Visão dos Vencidos).

BAUMAN, Z. **Vida líquida.** Rio de Janeiro: Zahar, 2007.

BERMAN, M. **Tudo que é sólido desmancha no ar.** Tradução de Felipe Moisés e Ana Maria L. Ioriatti. São Paulo: Companhia das Letras, 2007.

BERNSTEIN, H. Desenvolvimento e subdesenvolvimento. In: OUTHWAITE, W.; BOTTOMORE, T. (Ed.). **Dicionário do pensamento social do século XX.** Tradução de Eduardo Francisco Alves e Álvaro Cabral. Rio de Janeiro: Zahar, 1996. p. 197-201.

BETHELL, L. (Org.). **História de América Latina:** América Latina colonial: la América precolombina y la conquista. Barcelona: Crítica, 1990. v. 1.

BIELSCHOWSKY, R. (Org.). **Cinquenta anos de pensamento na CEPAL.** Tradução de Vera Ribeiro. Rio de Janeiro: Record, 2000a. v. I-II.

BIELSCHOWSKY, R. Cinquenta anos de pensamento na CEPAL: uma resenha. In: BIELCHOWSKY, R. (Org.). **Cinquenta anos de pensamento na CEPAL.** Tradução de Vera Ribeiro. Rio de Janeiro: Record, 2000b. p. 13-68.

BOCCHI, J. I.; GARGIULO, F. F. Desenvolvimentismo e a CEPAL: da industrialização por substituição de importações à transformação produtiva com equidade. ENCONTRO DE INICIAÇÃO CIENTÍFICA DA PONTIFÍCIA UNIVERSIDADE CATÓLICA DE SÃO PAULO, 20., 2011, São Paulo. Anais... São Paulo, PUC-SP, 2011. Disponível em: <http://www.pucsp.br/iniciacaocientifica/21encontro/artigos-premiados-20ed/FELIPE_FREITAS_GARGIULO.pdf>. Acesso em: 9 jul. 2018.

BRACANTI, A. Firenze: La Nova Itália, 1997. In: EJA – Educação de Jovens e Adultos. **As várias faces da América**. Fundação Bradesco, Portal de Educação, 2008. Disponível em: <http://www.eja.educacao.org.br/bibliotecadigital/cienciashumanas/apoio/Apoio%20ao%20Aluno/Colet%C3%A2nea%20de%20Atividades%20Interdisciplinares%20EF/04_As_varias_faces_america.pdf>. Acesso em: 9 jul. 2018.

BRESSER PEREIRA, L. C. **Estado e subdesenvolvimento industrializado:** esboço de uma economia política periférica. São Paulo: Brasiliense, 1977.

CARDOSO, F. H. **"Teorias da dependência" ou análises concretas de situações de dependência?** Estudos I. São Paulo: Cebrap, 1970.

CARDOSO, F. H.; FALETTO, E. **Dependência e desenvolvimento na América Latina:** ensaio de interpretação sociológica. 4. ed. Rio de Janeiro: Zahar Editores, 1977.

CARVALHO, F. A. de. **O mal-estar docente:** das chamas devastadoras (burnout) às flamas da esperança-ação (resiliência). 301 f. Dissertação (Mestrado em Psicologia da Educação) – Pontifícia Universidade Católica de São Paulo, São Paulo, 2003.

CASTELLS, M. **A sociedade em rede**. Tradução de Roneide Venâncio Majer. São Paulo: Paz e Terra, 2000. (Coleção A era da informação: economia, sociedade e cultura, v. 1).

CASTELLS, M. **O poder da identidade**. Tradução de Klauss Brandini Gerhardt. São Paulo: Paz e Terra, 2003. (Coleção A era da informação: economia, sociedade e cultura, v. 2).

CASTEL, R. **As metamorfoses da questão social**: uma crônica do salário. Tradução de Iraci D. Poleti. Rio de Janeiro: Vozes, 1998.

CATTANI, A. D.; CIMADAMORE, A. D. (Org.). **Produção de pobreza e desigualdade na América Latina**. Tradução de Ernani Ssó. Porto Alegre: Tomo Editorial; Buenos Aires: Clacso, 2007.

CENTENO, M. A.; HOFFMAN, K. Um continente entortado (América Latina). **Tempo Social: Revista de Sociologia da USP**, São Paulo, v. 18, n. 2, p. 11-46, nov. 2006. Disponível em: <http://www.scielo.br/pdf/ts/v18n2/a02v18n2.pdf>. Acesso em: 18 jul. 2018.

CEPAL – Comisión Económica para América Latina y el Caribe. Disponível em: <https://www.cepal.org/es>. Acesso em: 9 jul. 2018.

CEPAL - Comisión Económica para América Latina y el Caribe. **Informação histórica** – evolução das ideias da Cepal. 2000. Disponível em: <https://www.cepal.org/sites/default/files/pages/files/14-20735_sitio_web_cepal_info_historica_port.pdf>. Acesso em: 9 jun. 2018.

CHESNAIS, F. **A mundialização do capital**. Tradução de Silvana Finzi Foá. São Paulo: Xamã, 1996.

CLASTRES, P. Sobre el etnocidio. In: CLASTRES, P. **Investigaciones en antropología política**. Barcelona: Gedisa, 1996. p. 53-64.

CODO, W. (Coord.). **Educação**: carinho e trabalho: burnout, a síndrome da desistência do educador, que pode levar à falência da educação. Petrópolis: Vozes, 1999.

COLISTETE, R. P. O desenvolvimentismo cepalino: problemas teóricos e influências no Brasil. **Estudos Avançados**, São Paulo, v. 15, n. 41, p. 21-34, jan./abr. 2001. Disponível em: <http://www.scielo.br/pdf/ea/v15n41/v15n41a04.pdf>. Acesso em: 18 jul. 2018.

CORSI, F. L. América Latina e globalização: uma análise das estratégias de desenvolvimento. In: ENCONTRO REGIONAL DE HISTÓRIA: PODER, VIOLÊNCIA E EXCLUSÃO, 19., 2008, São Paulo. **Anais**... São Paulo: ANPUH/USP, 2008. Disponível em: <http://www.anpuhsp.org.br/sp/downloads/CD%20XIX/PDF/Autores%20e%20Artigos/Francisco%20Luiz%20Corsi.pdf>. Acesso em: 18 jul. 2018.

COUTO, J. M. O pensamento desenvolvimentista de Raúl Prebisch. **Economia e Sociedade**, Campinas, v. 16, n. 1, p. 45-64, abr. 2007. Disponível em: <https://periodicos.sbu.unicamp.br/ojs/index.php/ecos/article/view/8642830/10382>. Acesso em: 18 jul. 2018.

DELCOR, N. S. **Condições de trabalho e saúde dos professores da rede particular de ensino em Vitória da Conquista-BA**. 169 f. Dissertação (Mestrado em Medicina) – Universidade Federal da Bahia, Salvador, 2003.

DUSSEL, E. Europa, modernidade e eurocentrismo. In: LANDER, E. (Org.). **A colonialidade do saber**: eurocentrismo e ciências sociais – perspectivas latino-americanas. Buenos Aires: Clacso, 2005. p. 24-32.

FAVRE, H. **A civilização inca**. Tradução de Maria Júlia Goldwasser. Rio de Janeiro: Zahar, 1987.

FERNANDES, F. **Sociedade de classes e subdesenvolvimento**. Rio de Janeiro: Zahar, 1968.

FERREIRA, F. H. G. et al. **Mobilidade econômica e a ascensão da classe média latino-americana**: visão geral. Washington: International Bank for Reconstruction and Development/The World Bank, 2013.

FONTANA, K. B.; TUMOLO, P. S. Trabalho docente e capitalismo: um estudo crítico da produção acadêmica da década de 1990. **Educação e Sociedade**, Campinas, v. 29, n. 102, p. 159-180, jan./abr. 2008. Disponível em: <http://www.scielo.br/pdf/es/v29n102/a0929102.pdf>. Acesso em: 18 jul. 2018.

FRANK, A. G. **Acumulação dependente e subdesenvolvimento**: repensando a teoria da dependência. São Paulo: Brasiliense, 1980.

FRANTZ, W. **Sociologia do desenvolvimento**. Ijuí: Ed. da Unijuí, 2010. (Coleção Educação a Distância, v. 1).

FURTADO, C. **Desenvolvimento e subdesenvolvimento**. Rio de Janeiro: Fundo de Cultura, 1961.

FURTADO, C. **O capitalismo global**. São Paulo: Paz e Terra, 1998. (Cadernos Democráticos: Desafios, v. 9).

FURTADO, C. **Teoria e política do desenvolvimento econômico**. 10. ed. rev. Rio de Janeiro: Paz e Terra, 2000.

GALEANO, E. **As veias abertas da América Latina**. Tradução de Galeno de Freitas. 10. ed. Rio de Janeiro: Paz e Terra, 1980.

GENDROP, P. **A civilização maia**. Tradução de Maria Júlia Goldwasser. Rio de Janeiro: Zahar, 1987.

GENTILI, P. (Org.). Neoliberalismo e educação: manual do usuário.
SILVA, T. T. da; GENTILI, P. (Org.). **Escola S.A.**: quem ganha e quem perde no mercado educacional do neoliberalismo. Brasília: CNTE, 1996.

GOUCHER, C.; WALTON, L. **História mundial**: jornadas do passado ao presente. Porto Alegre: Penso, 2011.

GOUVÊA, M. de F. S. Revolução e independências: notas sobre o conceito e os processos revolucionários na América Espanhola. **Estudos Históricos**, Rio de Janeiro, v. 10, n. 20, p. 275-294, 1997. Disponível em: <http://bibliotecadigital.fgv.br/ojs/index.php/reh/article/viewFile/2056/1195>. Acesso em: 18 jul. 2018.

GUIMARÃES, A. P. O complexo agroindustrial. **Revista Reforma Agrária**, ano 7, n. 6, nov./dez. 1977.

HARVEY, D. **Condição pós-moderna**: uma pesquisa sobre as origens da mudança cultural. Tradução de Adail Ubirajara Sobral e Maria Stela Gonçalves. São Paulo: Loyola, 2003.

HARVEY, D. **O neoliberalismo**: história e implicações. São Paulo: Loyola, 2008.

HOBSBAWM, E. J. **Era dos extremos**: o breve século XX – 1914-1991. Tradução de Marco Santarrita. São Paulo: Companhia das Letras, 1994.

IANNI, O. **A sociedade global**. Rio de Janeiro: Civilização Brasileira, 1992.

IANNI, O. **Teorias da globalização**. 4. ed. Rio de Janeiro: Civilização Brasileira, 1997.

IBGE – Instituto Brasileiro de Geografia e Estatística. **Censo 2010:** população indígena é de 896,9 mil, tem 305 etnias e fala 274 idiomas. 10 ago. 2012. Disponível em: <https://censo2010.ibge.gov.br/noticias-censo?busca=1&id=3&idnoticia=2194&t=censo-2010-poblacao-indigena-896-9-mil-tem-305-etnias-fala-274&view=noticia>. Acesso em: 9 jul. 2018.

JAMES, C. L. R. **Os jacobinos negros:** Toussaint L'Ouverture e a revolução de São Domingos. Tradução de Afonso Teixeira Filho. São Paulo: Boitempo, 2000.

LÊNIN, V. I. **O imperialismo:** fase superior do capitalismo. Tradução de Leila Prado. São Paulo: Centauro, 2008.

LIBÂNEO, J. C. O dualismo perverso da escola pública brasileira: escola do conhecimento para os ricos, escola do acolhimento social para os pobres. **Educação e Pesquisa**, São Paulo, v. 38, n. 1, p. 13-28, 2012. Disponível em: <http://www.scielo.br/pdf/ep/v38n1/aop323.pdf>. Acesso em: 9 jul. 2018.

LIBÂNEO, J. C.; OLIVEIRA, J. F.; TOSCHI, M. S. **Educação escolar:** políticas, estrutura e organização. São Paulo: Cortez, 2003.

LUCIANO, G. dos S. **O índio brasileiro:** o que você precisa saber sobre os povos indígenas no Brasil de hoje. Brasília: MEC/Secad; Rio de Janeiro: Laced/Museu Nacional, 2006. (Coleção Educação Para Todos, 12; Série Vias dos Saberes, v. 1). Disponível em: <http://unesdoc.unesco.org/images/0015/001545/154565por.pdf>. Acesso em: 18 jul. 2018.

MARINI, R. M. **Dialética da dependência**. Petrópolis: Vozes; Buenos Aires: Clacso, 2000.

MARX, K. **O Capital:** crítica da economia política. São Paulo: Abril Cultural, 1984. Livro primeiro, Tomo 2.

MARX, K.; ENGELS, F. **O manifesto comunista**. Rio de Janeiro: Paz e Terra, 1998.

NAUROSKI, E. A. **Trabalho docente e subjetividade**: a condição dos professores temporários (PSS) no Paraná. 293 f. Tese (Doutorado em Sociologia) – Universidade Federal do Paraná, Curitiba, 2014. Disponível em: <https://acervodigital.ufpr.br/handle/1884/38054?locale-attribute=en>. Acesso em: 18 jul. 2018.

NEGRÃO, J. J. **Para conhecer o neoliberalismo**. São Paulo: Publisher Brasil, 1996.

NERY, T. **A economia do desenvolvimento na América Latina**: o pensamento da Cepal nos anos 1950 e 1990. 127 f. Dissertação (Mestrado em Relações Internacionais) Pontifícia Universidade Católica do Rio de Janeiro, Rio de Janeiro, 2004. Disponível em: <https://www.maxwell.vrac.puc-rio.br/Busca_etds.php?strSecao=resultado&nrSeq=5213@1>. Acesso em: 18 jul. 2018.

NEVES, M. Y. R. **Trabalho docente e saúde mental**: a dor e a delícia de ser (tornar-se) professora. 277 f. Tese (Doutorado em Ciências da Saúde) – Universidade Federal do Rio de Janeiro, Rio de Janeiro, 1999.

NIEDERLE, P. R.; RADOMSKY, G. F. W. (Org.). **Introdução às teorias do desenvolvimento**. Porto Alegre: Ed. da UFRGS, 2016. (Série Ensino, Aprendizagem e Tecnologias).

NUNES, M. **Trabalho docente e sofrimento psíquico:** proletarização e gênero. Tese (Doutorado em Educação) – Universidade de São Paulo, São Paulo, 1999.

OLIVEIRA, J. B. da S. **A nova dependência**: a dependência ecológica. Joinville: Clube dos autores, 2000.

PELLEGRINO, G.; PRADO, M. L. **História da América Latina**. São Paulo: Contexto, 2014.

POCHMANN, M.; BORGES, A. "**Era FH**": a regressão do trabalho. São Paulo: Anita Garibaldi, 2002.

POLETTO, D. W. **A Cepal e a América Latina**. Porto Alegre: EdiPUCRS, 2000.

PORTO, R. O. O pensamento da Cepal. In: POLETTO, D. W. (Coord.). **50 anos do Manifesto da Cepal**. Porto Alegre: EdiPUCRS, 2000.

PRADO, M. L. **A formação das nações latino-americanas**. 11. ed. ver. atual. São Paulo: Atual, 1994. (Coleção Discutindo a História).

PREBISCH, R. O desenvolvimento econômico da América Latina e alguns de seus problemas principais (1949). In: BIELSCHOWSKY, R. (Org.). **Cinquenta anos de pensamento na Cepal**. Tradução de Vera Ribeiro. Rio de Janeiro: Record, 2000. p. 71-136. v. 1.

QUIJANO, A. Colonialidade do poder, eurocentrismo e América Latina. In: LANDER, E. (Org.). **A colonialidade do saber**: eurocentrismo e ciências sociais – perspectivas latino-americanas. Buenos Aires: Clacso, 2005. p. 117-130.

RAMOS, L. C. S. **A sociedade civil em tempos de globalização**: uma perspectiva neogramsciana. 219 f. Dissertação (Mestrado em Relações Internacionais) – Pontifícia Universidade Católica do Rio de Janeiro, Rio de Janeiro, 2005. Disponível em: <https://www.maxwell.vrac.puc-rio.br/Busca_etds.php?strSecao =resultado&nrSeq=6617@1>. Acesso em: 18 jul. 2018.

RIBEIRO, D. **A América Latina existe?** Brasília: Ed. da UnB, 2014. (Coleção Darcy no Bolso).

ROCHA, E. **O que é etnocentrismo**. São Paulo: Brasiliense, 1988.

RODRÍGUEZ, O. **Teoria do subdesenvolvimento da Cepal**. Rio de Janeiro: Forense Universitária, 1981.

ROSA, L. W. da; DEVITTE, N.; MACHADO, N. G. Mecanismos e o processo de conquista e colonização da América Indígena. **Revista Ameríndia**, Fortaleza, v. 12, p. 6-15, dez. 2012. Disponível em: <http://www.periodicos.ufc.br/amerindia/article/view/1584/1435>. Acesso em: 18 jul. 2018

ROSTOW, W. W. **Etapas do desenvolvimento econômico**: um manifesto não comunista. Tradução de Octavio Alves Velho. Rio de Janeiro: Zahar, 1961.

SANTOS, L. M. dos; VIANA, L. **História da América I**. Rio de Janeiro: Fundação Cecierj, 2010. v. 1.

SANTOS, T. dos. **O desenvolvimento latino-americano**: passado, presente e futuro – uma homenagem a André Gunder Frank. 1994. Disponível em: <http://cmapspublic2.ihmc.us/rid=1188874977524_1589837050_8361/Theotonio%20dos%20Santos%20-%20desenvolvimentolatinoamericano.pdf>. Acesso em: 9 jul. 2018.

SELL, C. E. **A sociologia clássica**: Marx, Durkheim e Weber. Petrópolis: Vozes, 2009.

SILVA, T. T. da. A "nova" direita e as transformações na pedagogia da política e na política da pedagogia. In: GENTILI, P. A. A.; SILVA, T. T. da (Org.). **Neoliberalismo, qualidade total e educação: visões críticas**. Petrópolis: Vozes, 1994.

SILVA, T. T. da. A "nova" direita e as transformações na pedagogia da política e na política da pedagogia. In: GENTILI, P. A. A.; SILVA, T. T. da (Org.). **Neoliberalismo, qualidade total e educação**: visões críticas. 5. ed. Petrópolis: Vozes, 1997.

SILVA, T. T. da; GENTILI, P. (Org.). **Escola S.A.**: quem ganha e quem perde no mercado educacional do neoliberalismo. 2. ed. Brasília: CNTE, 1999.

SINGER, P. **O capitalismo**: sua evolução, sua lógica e sua dinâmica. São Paulo: Moderna, 1987.

SOUSTELLE, J. **A civilização asteca**. Tradução de Maria Júlia Goldwasser. Rio de Janeiro: Zahar, 1987.

SUESS, P. As justas causas de guerra contra os índios, segundo o tratado de Demócrates Alter, de Juan Ginés de Sepúlveda. In: SUESS, P. (Coord.). **A conquista espiritual da América Espanhola**. Petrópolis: Vozes, 1992. p. 534-535.

TOURAINE, A. **Crítica da modernidade**. Petrópolis: Vozes, 1994.

WEBER, M. **A ética protestante e o espírito do capitalismo**. São Paulo: Martin Claret, 2007.

WILLIANS, R. **Política do modernismo**: contra os novos conformistas. Tradução de André Glaser. São Paulo: Ed. da Unesp, 2011.

ZACCHI, M. S. de S. **Professores(as)**: trabalho, vida e saúde. 114 f. Dissertação (Mestrado em Ciências da Educação) – Universidade Federal de Santa Catarina, Florianópolis, 2004.

Bibliografia comentada

ARANA, M. **Bolívar**: o libertador da América. São Paulo: Três Estrelas, 2015.

Biografia do líder que comandou as lutas pela independência em diversos países latino-americanos. A obra expõe a vida e as contradições de Simón Bolívar desde sua origem aristocrata aos ideais da juventude; a participação nas guerras, seu governo e a desilusão no fim da vida. Aborda também suas paixões por justiça social e seus projetos de libertação, unificação e emancipação da América Latina e como se tornou um símbolo na região.

BAMBIRRA, V. **O capitalismo dependente latino-americano**. Tradução de Fernando Correa Prado e Marina Machado Gouvêa. Florianópolis: Insular, 2012. (Coleção Pátria Grande; Biblioteca do Pensamento Crítico Latino-Americano, v. II).

Obra que circulou mais em outros países latino-americanos do que no Brasil e levou décadas para ser aqui publicada. Seu destaque está em discutir diferentes ângulos da teoria da dependência para além das obras de Fernando Henrique Cardoso e Enzo Faletto, que no Brasil se tornaram os grandes expoentes dessa teoria. Também propõe superar o desenvolvimentismo e distinguir os diferentes níveis de desenvolvimento capitalista em que se encontravam os países latino-americanos.

BAUMAN, Z. **Globalização**: as consequências humanas. Rio de Janeiro: Zahar, 1999.

A obra constitui-se em uma análise minuciosa que rompe com a banalidade em torno dos usos do conceito de globalização, demonstrando suas origens e seus profundos efeitos na economia, na política e mesmo em nossas vidas. O autor, sociólogo polonês, defende que a livre circulação, a diminuição das distâncias geográficas, o acesso à informação e a velocidade das mudanças são discursos que encobrem o fato de que todas essas novas facilidades são acessíveis a poucos poderosos, que controlam os grandes mercados. Os Estados viram reféns destes, enquanto as diferenças entre os mais e os menos abastados – em termos de liberdade, mobilidade, segurança e poder de decisão – são ampliadas.

BETHELL, L. (Org.). **História da América Latina**. São Paulo: Edusp, 1997-2012. v. I-VIII.

Coleção de oito volumes contendo diferentes artigos de autores que se debruçaram sobre a história da América Latina, organizada pelo historiador britânico Leslie Bethell. A volumosa obra inicia-se com a descrição dos povos pré-colombianos – analisando-os em seus aspectos culturais, históricos, políticos e socioeconômicos – passando pelos indígenas brasileiros, até a conquista e a colonização espanhola e portuguesa. Detalha a organização da sociedade colonial, os movimentos pela independência, a formação dos Estados nacionais, as diferentes teorias produzidas na América Latina pós-1930 e contém também ensaios sobre a arte latino-americana do século XX.

BIELSCHOWSKY, R. (Org.). **Cinquenta anos de pensamento na CEPAL**. Tradução de Vera Ribeiro. Rio de Janeiro: Record, 2000. v. I-II.

Os dois volumes reúnem uma série de textos publicados pela comissão de autores de destaque do pensamento cepalino durante a década de 1950 até os anos 1990. Assim, há tanto textos clássicos quanto os mais contemporâneos, produzidos por teóricos como Raúl Prebisch, Celso Furtado, Fernando Henrique Carsoso, Maria da Conceição Tavares, entre outros. Abrange desde as teses estruturalistas até a inserção da América Latina na economia mundial.

CATTANI, A. D.; CIMADAMORE, A. D. (Org.). **Produção de pobreza e desigualdade na América Latina**. Tradução de Ernani Ssó. Porto Alegre: Tomo Editorial; Buenos Aires: Clacso, 2007.

Coletânea de diferentes artigos e abordagens sobre como se produz e se reproduz a pobreza na região da América Latina, com enfoque para o papel das instituições e das políticas governamentais no aprofundamento das desigualdades. Destaca como esses processos são analisados pelo pensamento social latino-americano, bem como as possibilidades de superação desta realidade.

MARTINS, C. E. **Globalização, dependência e neoliberalismo na América Latina**. São Paulo: Boitempo, 2011.

O autor discute as diferentes abordagens sobre os três conceitos (globalização, dependência e neoliberalismo), propondo-se a pensá-los com base na realidade dos países e das regiões periféricas. Assim, relaciona o global e o local, destacando a hegemonia dos Estados Unidos, o crescimento da China e as possibilidades futuras para a América Latina.

PEREIRA, L. **Ensaios de sociologia do desenvolvimento**. São Paulo: Pioneira, 1970.

O livro é uma obra didática que investiga as origens da sociologia do desenvolvimento e seus desdobramentos. Inicia discutindo o que é planejamento e suas diferentes fases na economia capitalista; apresenta as diferentes concepções sobre subdesenvolvimento; analisa a questão do subdesenvolvimento, relacionando-o ao fenômeno da instabilidade dos governos e aos processos de urbanização; e, por fim, aborda o Brasil no contexto pós-1964, ainda recente na data de publicação da obra.

RIBEIRO, D. **A América Latina existe?** Brasília: Ed. da UnB, 2014. (Coleção Darcy no Bolso).

Darcy Ribeiro investiga as diferenças históricas que fizeram com que o Brasil não se identificasse como "latino", porém enfatiza mais as semelhanças do que as diferenças entre o Brasil e os demais países latino-americanos, principalmente em relação à presença de indígenas e negros, sua história e mestiçagem. Os elementos da origem e da formação dos nossos povos nos tornam semelhantes tanto no sentimento de unidade quanto de inferioridade em relação aos europeus. Assim, o antropólogo defende que é necessário formar uma nova identidade latino-americana.

Respostas

Capítulo 1

Atividades de autoavaliação
1. a
2. e
3. e
4. b
5. b

Atividades de aprendizagem

Questões para reflexão
1. Sim. Os missionários contribuíram para a colonização na medida em que colaboraram para a imposição da cultura europeia aos povos indígenas, por meio da catequese, do ensino da língua e da imposição de seus costumes.
2. A denominação escamoteou a variedade de povos indígenas, colaborando para a formação dos estereótipos existentes: o índio como "selvagem", indolente e preguiçoso ou o índio "puro", protetor das florestas e amigo da natureza.

3. Para os colonizadores espanhóis, os nativos deveriam se converter (cruz) para evitar a morte, a guerra e a perseguição (espada e fome), sendo estes os meios pelos quais se estabeleceu a conquista do continente.

Capítulo 2
Atividades de autoavaliação
1. d
2. b
3. c
4. d
5. a

Atividades de aprendizagem

Questões para reflexão
1. A Cepal surgiu em 1948, ou seja, logo após o fim da Segunda Guerra, integrando a Organização das Nações Unidas (ONU). Com o desenvolvimento das economias dos países capitalistas no período, a comissão surgiu com o objetivo de produzir teorias e propostas sobre a realidade latino-americana nesse contexto.
2. O objetivo de Simón Bolívar foi o de fortalecer os países perante o imperialismo, unificando diferentes nações que tinham um passado de colonização em comum para que construíssem sua soberania. A formação dos blocos econômicos tem a finalidade de facilitar o intercâmbio comercial entre os países, dinamizando suas economias.

3. Enquanto Rostow pensava no desenvolvimento como um caminho "natural", em que os países se encontravam em diferentes estágios, a análise cepalina concentrou-se em apontar o subdesenvolvimento como resultado de um processo histórico e da divisão internacional do trabalho, produzindo desigualdades entre os países do centro e da periferia.

Capítulo 3
Atividades de autoavaliação
1. b
2. b
3. e
4. c
5. a

Atividades de aprendizagem

Questões para reflexão
1. Porque a própria concepção de *desenvolvimento* varia conforme a história, a cultura e a conjuntura das forças sociais nas diferentes sociedades.
2. Para Raúl Prebisch, desenvolvimento e subdesenvolvimento são interligados, sendo ambos resultado de processos históricos que determinaram a posição dos países no centro da produção da economia capitalista, como produtores de mercadorias industrializadas, ou na periferia, como economias predominantemente agroexportadoras, em posição desprivilegiada no mercado internacional.

3. Historicamente, as elites latino-americanas demonstraram, na maior parte dos casos, uma identificação mais próxima aos interesses estrangeiros do que aos de seus próprios países, não liderando projetos nacionalistas no intuito de promover a autonomia da região.

Capítulo 4

Atividades de autoavaliação

1. a
2. c
3. d
4. a
5. d

Atividades de aprendizagem

Questões para reflexão

1. O imperialismo se relaciona com o subdesenvolvimento na medida em que mantém os países dominados em posição subalterna no mercado internacional, não sendo de interesse das nações imperialistas que as demais se desenvolvam.
2. Para Florestan Fernandes (1968), os grupos dominantes locais exploram a mão de obra e mantêm as estruturas escravocratas de produção baseadas no latifúndio, não interessados em promover avanços no sentido de fortalecer os mercados internos, como inovações produtivas e melhoria dos salários e das condições de vida da população.
3. Por meio de reformas institucionais e não pela via revolucionária, pelo fortalecimento de uma cultura democrática e nacionalista.

Capítulo 5

Atividades de autoavaliação

1. a
2. d
3. e
4. e
5. d

Atividades de aprendizagem

Questões para reflexão

1. O projeto europeu da modernidade se constituiu na valorização da ciência e da racionalidade. Porém, quando se analisam seus desdobramentos históricos, percebe-se a irracionalidade da violência com que aquele projeto foi imposto aos povos conquistados.
2. A globalização é marcada, entre outros fatores, pela desregulamentação financeira, pela abertura econômica e pela transnacionalização das empresas e corporações. Para que isso pudesse ocorrer, os Estados tiveram de aderir ao neoliberalismo, reduzindo suas atribuições e criando condições favoráveis ao mercado.
3. O Brasil se manteve como agroexportador de matérias-primas, com pouca valorização de sua força de trabalho e com altos níveis de concentração de renda.

Capítulo 6

Atividades de autoavaliação

1. c
2. c
3. b
4. e
5. b

Atividades de aprendizagem

Questões para reflexão

1. Um confronto direto com a rigidez do fordismo. Trata-se de um novo padrão de acumulação que se apoia na flexibilização do trabalho, da produção, dos produtos e do mercado. A acumulação flexível envolve rápidas mudanças dos padrões de desenvolvimento desigual, tanto entre setores como entre regiões geográficas.
2. Os empréstimos concedidos pelas instituições financeiras internacionais foram condicionados a um ajuste no comportamento gerencial do Estado, na adoção, por parte do governo, de programas de estabilização da economia, prevendo reformas e medidas legislativas conforme as exigências dos credores.
3. Ação coercitiva no condicionamento do acesso aos valores dos empréstimos e a adequação das políticas nacionais ao ideário neoliberal.

Sobre os autores

Everson Araújo Nauroski é doutor em Sociologia pela Universidade Federal do Paraná (UFPR), mestre em Tecnologia Educacional pela Universidade Federal de Santa Catarina (UFSC), especialista em Filosofia Clínica pela Faculdade Bagozzi e pelo Instituto Packter, licenciado em Filosofia pela Universidade de Passo Fundo (UPF), em Sociologia pela Universidade Regional do Noroeste do Estado do Rio Grande do Sul (Unijuí) e em Pedagogia pelo Centro Universitário Internacional Uninter. Nesta última instituição, atua como coordenador do Curso de Sociologia e é membro do Conselho Institucional de Pesquisa. É autor de livros e artigos na área de filosofia e sociologia. Além das atividades acadêmicas e de pesquisa, também atua como consultor.

Maria Emília Rodrigues é mestra em Sociologia pela Universidade Federal do Paraná (UFPR), especialista em Ensino da Filosofia pela Faculdade Bagozzi, licenciada em História e Pedagogia pelo Centro Universitário Internacional Uninter e graduada em Ciências Sociais pela UFPR. Atua como docente no ensino superior no Centro Universitário Internacional Uninter.

Os papéis utilizados neste livro, certificados por instituições ambientais competentes, são recicláveis, provenientes de fontes renováveis e, portanto, um meio **respons**ável e natural de informação e conhecimento.

FSC
www.fsc.org
MISTO
Papel | Apoiando
o manejo florestal
responsável
FSC® C103535

Impressão: Reproset